온라인 수업의 모든 것

온라인 수업의 모든 것

**온라인
수업 모델
개발부터
역동적
피드백까지!**

김형욱 김병룡 하효은 하미정 이선화 김규아
윤용근 조윤이 양수정 심우민 정현선 김정은(Judy Kim) 지음

지식프레임

Online Class

에듀테크를 활용한
다양한 연결 사례

"Only a crisis – actual or perceived – produces real change."

노벨 경제학상 수상자이며 미국의 경제학자인 밀턴 프리드먼(Mil-ton Friedman)은 "실제 위기든 감지된 위기든 위기만이 진정한 변화를 가져올 수 있다"고 했다. 2020년 전 세계는 신종 코로나바이러스(COVID-19)의 발병으로 인해 전대미문의 위기를 겪고 있으며 전염병의 확산으로 '자가 격리'와 '사회적 거리두기'라는 용어는 더 이상 낯설지 않게 되었다. 무엇보다도 밀집된 공간에서 이루어져왔던 또는 공간의 중요성이 강조되었던 활동들은 자의 또는 타의에 의해 제한되어야 했다. 이로 인해 학교라는 물리적 공간에서 이루어져야 한다고 믿었던 교육은 다양한 에듀테크(Edutech)를 활용한 교실 밖에서의 수업으로 대체되었다.

불과 얼마 전까지만 하더라도 미래 교육 모델의 하나로 생각되었던 수업 모형들인 전면 온라인 교육 또는 온라인과 등교 수업을 병행하는 하이브리드 형태의 수업이 현재 학교 교육에서 이루어지고 있다. 전 세계 학교들은 휴교 또는 학교 폐쇄라는 사상 초유의 사태를 맞이하며 교육 공백을 최소화하기 위해 디지털 기술의 유연한 활용과 디지털 및 에듀테크 전문가들과의 협력을 필요로 했으며, 이러한 전례 없는 교육적 변화는 변혁이라 할 수 있을 정도로 전 세계적으로 교육 혁신을 일으키고 있다.

코로나19의 확산으로 인한 전 세계 교육 현장의 가장 큰 변화는 디지털 플랫폼의 교육적 활용을 지원하는 에듀테크를 활용한 온라인 교육의 활성화이다. 이로 인해 전 세계 교육자들은 디지털 도구를 통해 학습자와 소통하고 과제를 제시하고 평가까지 수행해야 했다. 4차 산업혁명과 인공 지능이라는 시대적 흐름에 따라 디지털을 교실 수업에 접목하는 다양한 시도는 꾸준히 있어왔다. 하지만 비대면으로 모든 교실 수업을 대체해야 하는 상황과 이로 인한 물리적 단절은 학습자뿐만 아니라 교육 전문가들에게도 감당하기 쉽지 않은 위기 상황을 야기했다.

우리나라는 첫 확진자가 발생한 2020년 1월 20일, 3월로 예정되었던 학교 개학이 연기된 이후 여러 차례 개학이 연기되었다가 4월 9일부터 온라인 개학이 시작되었다. 이후 고3 학생들을 시작으로 5월 20일부터 순차적 등교 수업이 진행되고 있다.

3월부터 신학기가 시작되는 한국의 경우 한 번도 만나본 적이 없는 학습자들과의 비대면 온라인 수업은 그 시작부터 쉽지 않았다. 무엇보다도 어떤 플랫폼으로 학습자와 학부모에게 새로운 교육 방법과 방향에 대한 내용을 공지하고 출석 수업을 대체할 만한 출결 점검과 이를 위한 적절한 디지털 도구의 선택 및 활용 방법에 대한 정보가 그 어느 때보다 필요했다. 프로젝트 기반 수업, 코딩 수업, 메이커 수업 등을 통해 기존의 디지털 도구를 교실 수업에서 적극적으로 활용해온 전문가들에게도 비대면으로 학습자들을 수업에 몰입시키고 모든 학습자들의 학습권을 보장하는 일은 쉽지 않았다. 그래서 전문가들의 연대, 디지털을 활용한 학습자 맞춤형 지도와 피드백으로 온라인을 통한 쌍방향 수업을 효율적이고 효과적으로 운영하기 위한 교사 연수 및 교수법 안내가 그 어느 때보다 시급했다.

우리나라 원격 수업은 주로 학습자가 특정한 교재와 함께 제공되는 교수자의 녹화된 강의 영상을 단원별 또는 차시별로 시청하고 스스로 학습해야 하는 일방형 학습 형태인 인터넷 강의(일명 '인강') 위주로 진행되어왔다. 그로 인해 처음 온라인 개학이 시작되자 대부분의 일선 학교에서는 EBS 동영상 링크를 학생들에게 제공하여 학습자와 가정에게 시청의 책임을 전적으로 이관하고, 간단한 퀴즈 형식의 과제를 제시할 뿐 피드백 없는 수업 형태로 진행했다.

그러나 코로나19의 문제가 전 세계 팬데믹으로 선언되고 그 문제의 심각성이 중장기화되자 일부 사립학교, 국제학교 및 대안학교를 중심으로 온라인 수업의 체계적인 운영과 대책이 마련되기 시작했다. 반면에 일부 공교육에서는 학교 차원에서 실시간 쌍방향 수업의 운영과 개별 교사들의 온라인 수업을 위한 맞춤 콘텐츠 제작 및 시도를 일체 금지하기도 하였고 이를 통해 기존에 쉽게 드러나지 않던 학교와 교사의 역량에 대한 민낯이 드러나기 시작하면서 학생들과 학부모들의 불안과 불만의 목소리가 높아졌다.

교사들은 준비되지 않은 온라인 수업에 대한 어려움을 토로하였고, 그동안 디지털과 테크를 교실 수업에 접목하려는 시도를 미뤄왔던 교사들에게는 더 큰 부담이 되었다. 또한 학생들을 위해 밤늦게까지 수업 자료를 제작하고, 일일이 학생을 깨워서 실시간 비대면 수업에 참여할 수 있게 안내하며 대면 수업보다 더 바쁘게 수업을 준비하는 교사들도 음악, 미술, 체육과 같은 실습 중심의 과목에서는 교과 목표를 달성하기가 쉽지 않았다. 온라인 수업 체제를 위한 플랫폼의 선택, 학습자별로 다른 디지털 기기와 기술적 격차 등 온라인 수업의 접근과 실현에는 생각보다 많은 장벽이 있었다.

이러한 난관의 배경은 우리나라 학습자들의 학교 수업에 대한 높은 의존도와 융합 수업 및 협력 학습을 위한 다양한 디지털 기술의 사용이 미비했던 점 및 온라인 수업의 도입이 부족한 수업에 대한 대체 수업과 보조 수단으로 활용되었기 때문이다. 이러한 문제점을 해결하기 위해 디지털을 활용한 학습자 맞춤형 지도와 피드백으로 온라인을 통한 쌍방향 수업을 효율적이고 효과적으로 운영하기 위한 교사 연수 및 교수법 안내가 그 어느 때보다 시급했으며, 이를 위한 기존 디지털 기술의 유연한 활용과 테크 전문가 및 교육 전문가들과의 협력이 그 어느 때보다 필요했다.

구글에서 교육자들에게 제공하는 다양한 앱을 활용한 교육 사례를 공유하고 지속적인 학습과 서로의 전문성을 공유하는 자발적 교육 공통체인 구글 교육자 그룹(Google Educator Group)은 지역 내 교육자들에게 오프라인 포럼과 무료 워크샵을 제공해왔다. 경기 구글 교육자 그룹(GEG 경기)은 코로나19의 확산으로 온라인 개학이 우려되던 2월 초부터 온라인 수업을 대비한 원격 교사 연수를 기획하고 전국의 교육자를 대상으로 "행복한 수업을 위한 구글 도구 활용" 연수를 4주간 무료로 진행했다. 연수 대상자는 경기도 ○○연구회 교사 및 경기 구글 교육자 그룹 페이스북을 통해 공지했고 여기서 신청한 선착순 40명이 참여했다.

연수 참여자를 대상으로 구글 미트를 통해 매주 2시간씩 비대면 실시간으로 구글의 다양한 앱을 소개했다. 이때 주 강의자는 각 도구의 기능을 소개했고 미리 준비한 가상의 시나리오를 제시하고 각 참여자가 실습하도록 안내했으며 주 강의자가 강의를 진행하는 동안 4명의 모니터링 트레이너들이 구글 미트 입장 안내 및 다양한 질문들에 실시간으로 답변했다. 매주 구글 클래스룸을 통해 짧은 동영상과 함께 과제를 제시했고 댓글을 통해 과제에 대한 참여를 독려하고 피드백을 제공했다.

4주 동안 구글 드라이브, 구글 클래스룸, 구글 문서, 구글 프레젠테이션, 구글 폼즈와 구글 시트, 구글 사이트, 유튜브, 구글 미트와 확장 프로그램을 소개하며 실시간 비대면으로 학교 밖에서도 학생과 교사가 서로 의사소통할 수 있는 방법, 구글 클래스룸과 구글 폼즈를 통해 출결을 확인하는 방법, 과제를 배포하고 학생들의 과제와 학습 결과물을 제출받으며 지속적인 피드백을 통해 상호 작용과 학습을 촉진하고 지원하는 방법, 구글 사이트를 통해 학습자와 학부모가 구글 아이디로 로그인 없이도 실시간으로 변화하는 교육 정보에 접근하도록 안내하는 방법, 구글 문서와 구글 프레젠테이션을 활용한 다양한 협업 및 과제를 수행하는 방법, 구글 폼즈를 활용한 간단한 평가 만들기와 구글 클래스룸을 활용한 디지털 피드백 및 과정 중심 평가를 위한 활용 방법까지 온라인 수업을 대비한 디지털 도구의 활용 방안이 강의, 실습, 과제 및 피드백의 반복적인 순환 과정으로 4주 동안 진행되었다. 참여자 대부분이 구글 지스위트를 수업에 활용한 경험이 없었으나 매주 성실하게 강의에 참여하고 과제를 수행할 수 있었던 것은 개학 연기 및 온라인 개학을 대비하기 위해 역량을 강화하고자 하는 내적 동기도 있었지만 무엇보다 학습 속도와 디지털 기술 수준이 다른 연수 참여자들의 실습 수행과 과제에 대해 트레이너들의 역동적인 피드백이 참여자들의 지속적인 성장을 지원했기 때문이다.

　연수 후 모든 참여자를 대상으로 실시한 설문 조사 결과 비대면 실시간으로 진행한 연수를 통해 구글의 지스위트에 대한 이해가 향상되었으며 교육 활동 전반에 구글 도구를 활용할 수 있는 경험을 직접 해볼 수 있는 점 그리고 온라인 활용 교수 학습 도구로 활용할 수 있는 연수 내용에 만족하며 무엇보다도 디지털 도구들에 대한 두려움이 사라진 계기가 되었다고 답변했다.

　연수를 진행하는 과정에서 4차례 등교 연기라는 초유의 사태가 발생했고 결국 교육부는 4월 9일부터 원격 수업 시작을 발표했다. 이에 GEG 경기는 이제까지 진행한 연수 결과를 토대로 경기도 미래혁신연수원, 율곡연수원, 융합과학연수원에서 경기도 내 초중고 교사들을 대상으로 온라인 연수를 진행했고 4천 명 이상의 교사들이 온라인 개학을 대비한 연수에 참여할 수 있도록 진행을 지원했다. 또한 구글 교육자 그룹 네트워크를 통해 초등, 중등, 고등, 대학의 온라인 교육 사례 나눔과 저작권에 대해 안내하는 구글 교육자 그룹 아태지역 커넥트를 통해 전국 교사들의 온라인 수업을 꾸준히 지원하고 있으며, '지스위트 페이스 메이커' 캠페인을 통해 영어와 한국어로 구글의 20가지 디지털 도구의 기능과 교육 사례를 소개하는 비디오 영상을 경기 구글 교육자 그룹 유튜브 채널을 통해 꾸준히 소개하고 있다.

전 세계 구글 교육자들과의 협력과 연합

유니세프의 조사에 따르면 전 세계 190개 이상의 국가에서 15억 7천만 명의 학습자들이 코로나19로 인해 교육의 영향을 받고 있다고 한다(unicef for every child, https://www.unicef.org/press-releases/unicef-and-microsoft-launch-global-learning-platform-help-address-covid-19-education). 코로나19의 팬데믹 선언 후 각 국가는 국경을 폐쇄하고 가능한 한 해외에서의 바이러스 유입을 차단하고 최대한 자국의 공중위생과 방역에 총력을 기울이기 시작했다. 국경과 인종에 상관없이 전 인류의 생존과 안녕을 위한 솔루션이 시급한 것처럼 교실을 학습자와 교수자의 집으로 옮기는 과정을 원활하게 하기 위한 솔루션도 범국가적 협력이 필요했다.

먼저 2019년 구글의 이노베이터 프로그램에 참여한 교육자들을 중심으로 글로벌 구글 교육자 그룹 네트워크가 형성되었으며 정기적인 구글 미트 화상 회의를 통해 코로나19로 인한 온라인 수업과 학교 폐쇄에 대한 각 나라의 대비 상황을 공유하고 정서적 지지와 원격 수업에 필요한 전문성 및 최신 정보를 공유하는 소모임이 구성되었다. 한국, 미국, 영국, 콜롬비아, 호주라는 다양한 지역의 시차와 물리적 거리가 무색할 정도로 다양한 디지털 도구들을 통한 끊임없는 소통과 공유가 이루어졌고 이를 위해 더 많은 플랫폼을 탐색하고 활용하는 계기가 되었다. 먼저 소셜 네트워킹으로 활용되는 트위터(Twitter)를 통해 수시로 서로의 근황 및 디지털 활용을 위한 정보를 공유하였고 서로의 포스팅을 리트윗하며 동참하는 교육자 수도 급격히 늘어나게 되었다. 또한 영상을 통해 서로의 의견을 공유하고 특정한 주제에 대한 답변을 영상으로 할 수 있도록 제작된 플립그리드(Flipgrid)는 한 번도 만나본 적 없는 전 세계 교육자들이 서로를 소개하는 영상, 생일 축하 영상, 격려와 위로를 위한 영상, 특정 주제에 대한 조언을 위한 영상 등을 제작하여 공유하는 데 활용되었다. 또 코로나19의 팬데믹 위협과 더불어 각 나라와 정부에서는 인종 차별, 이상 기후, 폭발 등과 같은 국가적 위기에 대한 다양한 정보와 의견이 공유되며 그 어느 때보다 세계 시민성, 미디어 리터러시 및 디지털 리터러시 역량이 요구되었다. 특히 K-방역으로 코로나 19 위기 대처에 모범 국가가 된 한국의 위상은 구글 교육자 그룹에서도 실감할 수 있었다. 전 세계의 교육자들이 온라인 수업에 대한 부담 및 피

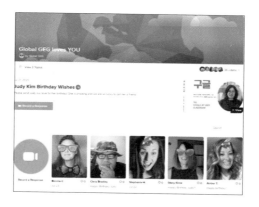

글로벌 교육자 그룹의 플립그리드 활용 사례

아시아 태평양 지역 구글 교육자 그룹 리더들의   한국어로 번역된 구글 미트 출석부 화면
월간 화상 회의 모습

로감과 자가 격리로 인한 고용 문제 등을 터놓고 이야기하고 서로를 격려하는 시간에서도 많은 교육자들은 한국에서 보내는 희망의 메시지와 온라인 수업 진행 사례, 특히 경기 구글 교육자 그룹이 진행하는 원격 비대면 실시간 교사 연수에 대한 안내는 전 세계 구글 교육자 그룹 리더들의 영감이 되었다.

GEG 경기는 아시아 태평양 지역을 포함한 전 세계 구글 교육자 그룹인 글로벌 GEG(Global GEG)와 긴밀하게 연결되어 있다. 코로나 19 이전부터 1인 1디바이스 체제로 디지털을 교실 수업에 적극적으로 활용한 해외의 에듀테크 전문가, 교사 및 교육자들의 다양한 사례를 한국의 교육 현장에 적용하고 그 사례를 학회 발표, 교사 연수, 전문학습공동체, 유튜브, SNS를 통해 공유하고 있으며, 해외 개발자들이 소개하는 다양한 확장 프로그램을 한국어로 번역하여 한국의 교육자들에게 소개하는 역할을 하고 있다. 또한 현재 GEG 경기에서 가장 중요하게 생각하고 있는 디지털 공간에서의 역동적 피드백 및 디지털 리터러시와 글로벌 교육 협력의 개념을 글로벌 GEG에 소개하고 함께 실천할 수 있는 여러 방안들에 대해서 연구하고 있다.

인류는 주기적으로 큰 변혁을 겪었으며 이를 통해 정보를 공유하는 방법 또한 변화해왔다. 이러한 변화에 대한 사람들의 거부 반응은 대체적으로 정보를 공유하는 매체에 대한 불편함과 두려움 때문이었다. 고대 그리스 철학자인 소크라테스는 문자와 필기 기술을 통한 정보의 공유를 무척 불편하게 여겼는데 그는 글쓰기가 사람들의 기억력 활용을 방해하고 이로 인해 건망증이 심해질 것이라며 두려워했다. 그 때문일까? 소크라테스는 자신이 직접 기술한 글을 하나도 남기지 않았다. 그는 많은 사람들과의 끊임없는 질문과 대화 속에서 철학 활동을 했는데, 이 과정에서 새로운 매체를 통한 정보와 생각의 공유에 대한 그의 부정적인 관점과 태도가 많은 사람들에게 글쓰기뿐만 아니라, 새로운 사조와 흐름에 대한 태도에도 부정적인 영향을 끼치지 않았을까 생각된다.

매체는 단순히 정보를 공유하는 수단을 넘어 사람과 사람의 소통의 도구이며 의미 있는 관계와 공감대 형성을 위한 지름길이다. 특히 비대면으로 교육, 소비, 공유, 참여 등이 이루어지는 현시대에서 디지털을 활용한 소통은 선택이 아닌 필수이고 이는 이미 오래전부터 미래 사회를 준비하기 위해 매우 중요한 역량으로 강조되었다. 지금까지 디지털을 단순히 검색과 문서 작성 및 전자메일을 주고받는 데에 한정하여 사용하거나 부정적인 역기능만 강조하며 학습자들의 사용을 제한하려 했던 태도에서 최대한 활용을 통해 우리의 미래 세대가 국경과 문화의 경계 없이 서로 소통하고 공감하며 지구촌의 안녕을 위해 현명한 선택을 하는 학습자로 성장하도록 교육자들이 학습(Learn)하고, 공유(Share)하며, 서로에게 영감(Inspire)이 되어 교육자로서의 역량을 강화(Empower)하려는 꾸준한 노력이 필요할 때이다.

코로나19는 전 인류의 위기임이 틀림없다. 그러나 이러한 위기를 통해 우리 교육은 변화하고 더 나아가 발전할 것이다. 또한 이를 통해 학습자들은 전 인류의 지속적인 발전을 위한 문제의식을 갖게 되며 이를 바탕으로 한 꾸준한 학습을 토대로 실질적 문제를 해결하려는 노력과 성찰을 학습 결과물에 반영하고 이러한 일련의 과정을 다양한 테크 기술을 활용하여 디지털 포트폴리오에 담아 전 세계 학습자들과 공유하는 자발적이고 전문적인 학습자이자 진정한 세계 시민으로 성장하게 될 것이다. 이러한 일련의 의미 있는 과정과 역동적인 디지털 피드백 과정을 국내외 교사들과 학생들이 실현하는 데 GEG 경기는 선도적이고 헌신적인 역할을 하고 있으며 앞으로 더 재미있고 의미 있는 학습과 교수 활동을 위한 다양한 시도가 계속되리라 기대해본다. 누구나 함께할 수 있는 구글 교육자 그룹에 대한 궁금증과 도움에 대한 요청은 아래 소개된 GEG 경기 유튜브 채널과 GEG 경기 사이트 그리고 GEG 경기 카카오톡 채널을 활용할 수 있다.

- **GEG 경기 사이트** _ http://geg-gg.com/home
- **GEG 경기 유튜브 채널** _ https://www.youtube.com/channel/UCfhTS-PdwsRf8AoxWbwSmxg
- **GEG 페이스북** _ https://www.facebook.com/groups/417713422235291/
- **GEG 트위터** _ https://twitter.com/GGyeonggi
- **GEG 경기 카카오톡 채널** _ http://pf.kakao.com/_VpyFxb

GEG 경기 공동 리더
김정은(Judy Kim)

Online Class

갑자기 시작된 온라인 수업,
우리는 준비되어 있는가?

코로나19 사태가 발생했다. 확진자 수는 점점 증가하기 시작했고, 시간이 지나면 괜찮아질 것이라는 기대는 점점 사라져갔다. 그리고 등교가 연기되었다. 학교는 텅 빈 상태로 개학을 맞이했다. 등교는 계속 연기되었다. 학습 공백이 걱정되기 시작했다. 결국 사상 초유의 온라인 수업이 시작되었다. 교사 중 그 누구도 온라인 수업을 해본 적이 없었다. 무슨 장비가 필요한지, 어떤 방식으로 수업을 해야 하는지, 출석 체크는 어떻게 해야 하는지 아무도 알지 못했다. 교육부에서는 온라인 수업 준비가 미흡한 현장을 고려해 과제 중심형, 콘텐츠 중심형, 쌍방향 소통형 수업 형태 중 하나를 선택해 운영하도록 공문을 내려보냈다. 대부분의 학교에서는 과제 중심형 수업 방식을 선택했다. 캠이나 마이크 같은 장비가 필요 없고 무선 인터넷 환경이 갖추어져 있지 않아도 바로 시작할 수 있었다. 플랫폼은 'EBS 온라인 클래스'나 'e-학습터'를 주로 선택했다. EBS나 e-학습터에 업로드되어 있는 학습 콘텐츠를 바로 적용할 수 있어서 효과적으로 온라인 수업을 할 수 있었다.

온라인 수업도 시간이 지나면서 현장에 정착하기 시작했다. 정확하게 말하면 학생과 교사 모두 '학습 공백'이라는 암묵적 현상에 동의하며 상황에 적응해가고 있었다. 우리 '경기 구글 교육자 그룹(GEG 경기)'은 현재 이루어지고 있는 온라인 수업에서 피드백이 제대로 이루어지고 있는지, 실제로 학습 효과가 있는지에 대해서 스스로에게 의문을 제기했다. 대면 수업에서 역동적 평가를 강조하고 실천해온 교육 공동체로서 온라인 수업에서도 역동적 피드백이 이루어지는 것은 필수라고 생각했다. 그래서 김병룡 선생님께서 개발하신 역동적 평가를 적용한 온라인 수업 모델을 GEG 경기 선생님들과 함께 공부했다. 그리고 검증하기 위해 현장 연구 설계에 들어갔다. 현장 연구에 적용할 교육 대상, 교과 및 단원을 선정하고 일반적인 온라인 수업을 적용하는 학급의 학생들과 역동적 평가 모델을 적용해 온라인 수업을 진행한 학급 학생들의 학업 성취도 향상 폭을 비교 분석했다. 총 82명의 학생들을 대상으로 적용한 현장 연구에서 일반적인 온라인 수업을 진행한 학급 학생들의 학업 성취도보다 역동적 평가 모델 온라인 수업을 진행한 학급 학생들의 학업 성취도가 더 큰 폭으로 향상되었음을 알 수 있었다.

김병룡 선생님과 나는 현장에서의 연구 결과를 정리해 학술 논문으로 집필했고 한국 초등교육학회에 게재하였다. 그리고 GEG 경기 교사들과 협의해 역동적 평가 모델을 적용한 온라인 수업을 실천하도록 했다. 현장 연구는 초등학교를 중심으로 이루어졌기 때문에 중학교와 고등학교에 적용할 때에는 학교의 환경과 상황에 따라 융통성 있게 적용하도록 했다. 이렇게 해서 초등학교, 중학교, 고등학교 교사들과 함께하는, 역동적 평가에 초점을 둔 온라인 수업이 시작되었다.

이 책은 우선 온라인 수업에서 중요한 것은 무엇인가를 짚은 뒤, 초중고를 넘어 대학까지 실제 온라인 수업 실천 사례들을 탐구하고, 온라인 수업을 할 때 간과하기 쉬운 저작권법과 온라인 수업을 위한 다양한 툴 및 앱을 소개하는 것으로 구성되어 있다.

PART1. '온라인 수업, 무엇이 중요한가?'에서는 온라인 수업 시 역동적 평가 적용에 대한 필요성에 대해서 살펴보고 이를 적용한 온라인 수업 모델의 단계별 내용과 그 효과에 대해서 알아보았다.

PART2~4. '온라인 수업 실천 사례'에서는 역동적 평가를 적용한 온라인 수업 모델이 초등학교, 중학교, 고등학교에서 실제로 어떻게 적용되었는지 교과별 수업 사례를 들어 살펴보았다.

PART5. '온라인 수업 실천 사례 – 대학교·홈스쿨링'에서는 온라인 대학 강의 사례와 학부모의 홈스쿨링 사례를 소개했다. 이를 통해서 대학교와 가정에서 학습 공백을 메우기 위해 어떤 노력들을 하고 있는지 알아보았다.

PART6. '저작권법과 미디어 리터러시'에서는 교사들이 온라인 수업을 진행할 때 반드시 알아야 하는 저작권법에 대해서 다루고 있으며, 온라인 수업을 받는 학생들이 반드시 갖추어야 하는 역량인 미디어 리터러시에 대해서 다루었다.

PART7. '온라인 수업을 위한 다양한 툴과 앱'에서는 온라인 수업을 준비하는 교사들이 도움을 받을 수 있는 유용한 툴과 앱을 소개했다.

이 책은 디지털 툴에 대해서 다루고 있지만 매뉴얼식으로 접근하기보다 디지털 툴이 가지고 있는 기능을 바탕으로 어떻게 온라인 수업에서 역동적 평가를 적용할 수 있는지에 중점을 두고 서술했다. 모든 디지털 툴은 짧게는 2개월에서 길게는 6개월 이내에 업데이트가 되고, 매뉴얼 역시 계속 갱신된다. 때문에 매뉴얼식 접근은 큰 의미가 없다. 그럼에도 불구하고 지금 당장 도움이 필요한 교사들을 위해서 핵심적인 매뉴얼은 수업 사례별로 정리해 제공했다.

코로나 사태가 발생하고 온라인 수업을 운영한 지 꽤 시간이 흘렀다. 비대면 수업은 대면 수업보다 효과가 떨어진다. 어떻게든 학습 격차는 발생했을 것이다. 이 현상은 지금도 현재 진행형이다. 처음에는 준비되지 않은 상태에서 무작정 온라인 수업을 시작했다. 하지만 이제는 충분히 온라인 수업을 준비할 수 있는 시간이 흘렀다. 따라서 앞으로 진행될 온라인 수업은 그 이전에 했던 온라인 수업과는 분명 달라야 할 것이다. 우리는 이 책이 온라인 수업을 새롭게 준비하는 모든 이에게 조금이나마 보탬이 되기를 희망한다.

오늘도 우리는 다음 날 온라인 수업을 준비하면서 스스로에게 끊임없이 이렇게 되묻곤 한다. '우리의 온라인 수업은 충분히 준비되어 있는가?'

대표 저자 GEG 경기 공동 리더
김형욱

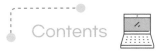

Contents

PART 1　온라인 수업, 무엇이 중요한가?

PART 2　온라인 수업 실천 사례 _ 초등학교

PART 3 온라인 수업 실천 사례 _ 중학교

PART 4 온라인 수업 실천 사례 _ 고등학교

PART 7 온라인 수업을 위한 다양한 툴과 앱

온라인 수업,
무엇이 중요한가?

1. 온라인 수업에서도 핵심은 상호 작용이다

어느 산골 학교의 온라인 개학 이야기

3월 첫째 주까지만 해도 코로나19로 인한 개학 연기가 실감이 나지 않았다. 잠시 이러다가 말겠거니 하며 곧 개학을 하고 일상으로 돌아갈 것이라 생각했다. 하지만 개학이 재차 연기되더니, 결국 학교는 온라인 개학을 하게 되었다. 동료 교사들과 학생들 모두 당황스럽기는 마찬가지였다.

온라인 개학이 발표되고 교사들은 급히 모여 온라인 개학의 방식에 대해 협의를 시작했다. 먼저 정보 담당 교사가 이야기를 시작했다.

"다들 공문 보셨죠? 이렇게 될 줄은 몰랐는데 온라인으로 개학을 하게 되었습니다. 저도 사실 처음 겪는 일이라 어떻게 해나가야 할지 막막해요. 일단 수업 방식을 결정해야 할 것 같은데, EBS 방송을 활용하는 방식과 e-학습터와 같은 플랫폼을 활용해서 과제를 제시하고 선생님들께서 과제 수행을 확인하시는 방식이 있고요. 또 다른 방식으로는 줌(ZOOM)이나 마이크로소프트의 팀즈(TEAMS), 구글 미트(Google Meet), 유튜브(YouTube), 밴드(BAND) 같은 것들을 활용해 실시간으로 아이들과 수업하는 방식이 있을 것 같아요."

"어떤 것이 좋은지 몰라 결정을 못 하겠어요. 솔직히 저 같은 경우에는 나이도 있고 컴퓨터로 수업하는 게 익숙하지가 않아요. 좀 쉽게 수업할 수 있는 것이면 좋겠어요."

올해 예순을 넘긴 교사의 말이었다.

"네. 제 생각에도 선생님들이 가장 다루기 편하고 수업하기 쉬운 플랫폼을 활용했으면 좋겠어요. 그리고 가능한 교실 수업과 가장 비슷한 형태의 수업을 할 수 있어서 학생들도 쉽게 적응할 수 있는 플랫폼이 좋을 것 같아요. 그런 점에서 실시간으로 쌍방향 의사소통을 하며 화상 수업을 할 수 있는 플랫폼으로 결정하면 좋을 것 같아요."

평소 온라인 수업에 관심을 가지고 있던 K교사가 말했다.

결국 학교에서는 이렇게 실시간 쌍방향 화상 수업을 할 수 있는 플랫폼을 활용하기로 결정하고 온라인 개학과 수업을 진행했다.

온라인 수업이 진행된 지 일주일이 지나고 교사들이 다시 한자리에 모였다.

"온라인 수업을 진행해보니 어떠세요?"

"처음엔 낯설어서 불편했는데 적응되니까 지금은 괜찮은 것 같아요. 애들도 흥미 있어 하고, 수업 영상과 과제를 제작해서 제공하는 학교들과 비교했을 때 확실히 업무도 적은 것 같아요."

여러 교사들이 온라인 수업에 대해 이야기를 나누고 있을 때 K교사가 이야기를 꺼냈다.

"수업 효과는 어떤 것 같아요? 사실, 새로운 방식이고 컴퓨터와 휴대폰으로 진행하니까 확실히 학생들이 흥미로워하는 것 같기는 해요. 그런데 일주일 정도 지나니까 학생들의 참여도가 떨어지는 것이 눈에 좀 보여요. 그리고 '이 수업 방식이 과연 효과가 있을까?'라는 생각도 들어요. 저는 카메라 앞에서 열심히 수업을 하는데 아이들과 상호 작용이 사실 완벽하게 되지 않으니까 많이 제한되는 부분이 있는 것 같아요."

"저도 동의해요. 아이들이 처음에는 신선하니까 수업에 참여는 하는데 시간이 지날수록 흥미를 잃는 듯하고 수업 효과도 좀 적은 듯해요. 그리고 교사 중심의 일방적인 정보 전달만 이루어지는 것이 아닌가 하는 고민도 많이 들어요. 그래서 요즘 '뭔가 효과적인 방법이 있으면 좋을 것 같다'라는 생각이 들어요. 공개 수업 준비할 때 생각해 보면, 수업을 잘하려고 할 때 '효과적인 수업 방법이 뭘까?'부터 생각하잖아요."

"맞아요. 마치 지금 느낌이 애들과 함께 공부할 공간도 있고 내용도 있는데 그것들이 좀 체계화되지 않고 있다는 느낌이에요. 확실히 교수 방법에 대해 고민해봐야 할 것 같아요."

온라인 수업에서 역동적 평가가 필요한 이유

코로나19로 인해 학교 현장에서는 온라인 수업이 불가피해졌다. 현재 온라인 수업을 위한 다양한 플랫폼과 도구들이 개발되어 있다. 하지만 앞에서처럼 온라인 플랫폼과 도구들이 아주 잘 개발되어 있다고 하더라도 많은 교사들은 그것만으로는 효과적인 수업을 하기 어렵다고 이야기한다. 그리고 현장의 교사들은 효과적인 온라인 수업을 위한 플랫폼이나 도구들과 더불어 보다 더 유용한 수업 모형을 요구하고 있다.

수업의 핵심은 학생과 교사 사이의 상호 작용이다. 하지만 온라인 수업에서는 기술적 제약으로 인해 상호 작용에 여러 어려움이 있다. 그런데 교사들이 요구하는 수업 모형은 학생과 교사 사이의 상호 작용 제한을 해결할 수 있어야 한다. 그래서 이를 위한 효과적인 모형으로 역동적 평가를 적용한 온라인 수업 모형을 제안했다.

역동적 평가(Dynamic Assessment)란 학습의 결과보다는 과정에 관심을 갖고 교사와 학생이 상호 작용을 해가며 학생의 변화 과정을 계속해서 평가하고 이에 기초해 교수를 제공하는 활동이다(김병룡, 김형욱, 황의택, 2019; Tzuriel, 2001). 역동적 평가는 레프 비고츠키의 근접 발달 영역(Zone of Proximal Development) 개념에 바탕을 두고 있다. 비고츠키는 학습자가 독립적으로 과제를 수행할 수 있는 실제적 발달 수준과 미래의 발달 수준인 잠재적 발달 수준으로 구분하고 이들 사이의 간격을 근접 발달 영역으로 정의했다(Vygotsky, 1978). 역동적 평가에서 교사는 근접 발달 영역에서 학생들과 상호 작용하며 학생들의 발달에 대한 양적·질적 정보를 평가하고 이를 바탕으로 학생 개인에게 필요한 지원을 제공한다. 그리고 이를 통해 역동적 평가는 학생과 교사 사이 상호 작용을 촉진하게 된다.

강원도 어느 산골 학교의 온라인 개학 이야기에서처럼 쌍방향 온라인 수업 플랫폼을 활용한다고 하더라도 온라인 수업에서는 교사 중심의 일방적인 정보 전달 수업이 될 가능성이 크다. 그리고 이것은 학생과 교사 사이 효과적인 상호 작용 체계가 없어서일 수 있다. 이에 역동적 평가를 온라인 수업에 적용한다면 학생과 교사 사이 체계적인 상호 작용 방법을 제공할 수 있고 이를 바탕으로 효과적인 온라인 수업을 실현할 수 있을 것으로 기대된다.

2. 역동적 평가를 적용한
온라인 수업 모델

역동적 평가를 위한 3가지 원리

온라인 수업 시 역동적 평가를 적용한 수업 모델은 다음의 주요한 3가지 원리에 기초해 개발되었다.

첫째, 역동적 평가란 '평가 – 교수 – 재평가'의 절차에 따라 학습자의 과제 수행을 향상시키기 위해 교수 학습을 제공하는 것이다(Lidz, 1991). 둘째, 역동적 평가는 학습자의 수행을 향상시키기 위해 학생의 과제 수행 과정에서 학생과 교사 사이, 학생과 학생 사이에 효과적으로 상호 작용할 수 있는 방안을 강구해야 한다(Berk & Winsler, 1995; Minick, 1987). 셋째, 효과적인 교수 학습을 위해 학생의 특성에 맞춰 개별화된 교수를 제공할 방법을 개발해야 한다(Tomlinson, 1999, 2017).

위 원리에 기초해 개발된 수업 모형의 기본적인 절차는 다음과 같다.

단계	교수 학습 내용		시간	비고
실시간 화상 수업 전	▶ 학생의 핵심 지식 및 기능 교수 영상 시청(학생 활동)		5분	
	▶ 학생의 평가 과제 5문항 수행 - 핵심 지식 및 기능을 바탕으로 한 평가 과제 수행		10분	
	▶ 교사의 평가 과제 수행 결과 확인 - 과제 수행 결과를 바탕으로 교사의 과제 설명 영상 시청 집단 학생들과 실시간 화상 수업 참여 집단 학생들을 선별 - 실시간 화상 수업 참여 집단은 평가 과제 5문항 중 3문항 이상에서 오류를 보인 학생들로 구성 - 평가 과제 수행 결과 속 학생 오류 분석 내용을 바탕으로 실시간 화상 수업 내용 구성			
실시간 화상 수업	▶ 교사의 과제 설명 영상 시청 집단 - '실시간 화상 수업 전' 활동에서 수행한 평가 과제에 대한 20분 분량의 설명 영상을 시청	▶ 실시간 화상 수업 참여 집단 - '실시간 화상 수업 전' 평가 과제에서 학생이 보인 오류를 중심으로 교사의 재교수 - 학생의 학습 과제 수행 학생과 교사는 온라인 수업 플랫폼에서 제공하는 수업용 전자 필기장을 활용하여 학습 과제 수행 과정을 실시간으로 공유하고 교사는 이에 대해 분석하며 피드백을 제공	20분	
실시간 화상 수업 후	▶ 학생의 재평가 과제 5문항 수행 - 전체 학생들을 대상으로 실시하는 재평가 과제 수행 - 수행 결과물을 온라인 수업 플랫폼에서 제공하는 과제 제출 기능을 활용하여 교사에게 전송		5분	교사의 재평가 과제 수행 결과 분석은 수업 후 이루어지므로 수업 시간에 포함하지 않았다.
	▶ 교사의 재평가 과제 수행 결과 분석 - 재평가 과제 수행 결과와 '실시간 화상 수업 전' 과제 수행 결과를 비교하여 학생의 진전도를 파악 - 분석 결과를 바탕으로 한 사후 확인을 위한 피드백과 추가 과제 제공		–	

온라인 수업 시 역동적 평가를 적용한 수업 모형

역동적 평가를 적용한 온라인 수업 모델의 효과

역동적 평가를 적용한 온라인 수업 모델의 효과를 알아보기 위해 82명의 학생들을 대상으로 초등학교 4학년 수학 1학기 '1단원. 곱셈'과 '2단원. 나눗셈' 수업에 적용하고 결과를 분석해보았다. 수업은 마이크로소프트사의 팀즈를 플랫폼으로 활용했다.

핵심 지식 및 기능 교수 영상 시청

수업 모형의 단계에 따라 학생들은 '핵심 지식 및 기능 교수 영상'을 시청했다. 교사는 '1단원. 곱셈'과 '2단원. 나눗셈'의 차시별 핵심 지식 및 기능을 5분 내외의 영상으로 제작해 팀즈의 수업 자료 업로드 기능을 활용해 학생들과 공유했다. '핵심 지식 및 기능 교수 영상'의 예는 다음과 같다. 영상은 아래 화면과 같이 매우 간단하게 해, 교사가 제작하는 데 부담을 느끼지 않도록 했다.

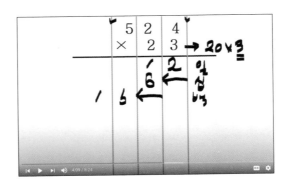

핵심 지식 및 기능을 바탕으로 한 평가 과제 수행

학생들은 각자 '핵심 지식 및 기능' 교수 영상을 시청한 후 이를 바탕으로 평가 과제를 수행했다. 평가 과제는 팀즈의 수업용 전자 필기장을 활용해 제공했다. 교사는 학생들 각각의 전자 필기장을 돌아다니면서 실시간으로 수행 과정을 지켜보고 분석할 수 있었다. 수업용 전자 필기장을 활용해 지켜본 학생들의 과제 수행 장면은 다음과 같다.

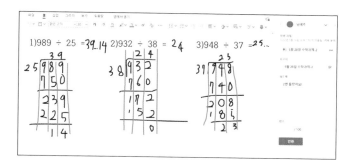

학생들의 과제 수행 결과 확인 및 오류 분석

역동적 평가의 원리에 기초해 학생들이 평가 과제를 수행하는 동안 교사는 오류를 확인하고 분석해 적절하게 지원했다. 평가 과제 수행이 이뤄지는 동안 학생의 오류를 분석하고 지원하는 모습은 다음과 같다.

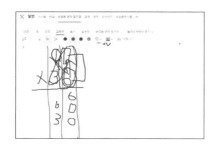

화면에서 검정색은 학생이 그리고 빨간색, 파란색 그리고 초록색은 교사가 작성한 부분 이다. 학생은 곱셈을 하는 순 서를 제대로 이해하지 못해서 문제를 해결하지 못하고 있었

다. 이러한 오류에 대해 교사는 빨간색 선을 활용해 숫자의 자리를 구분하고 곱셈 절차를 다시 한번 지도하는 방식으로 지원했다.

교사의 과제 설명 영상 시청 집단과 실시간 화상 수업 참여 집단 구분

교사는 학생들의 평가 과제 수행 결과를 확인했다. 교사는 수행 결과를 바탕으로 학생이 평가 과제를 수행하면서 얼마나 많은 오류 를 보였는지 최종 판단하고 정해진 기준에 따라 학생들을 '교사의

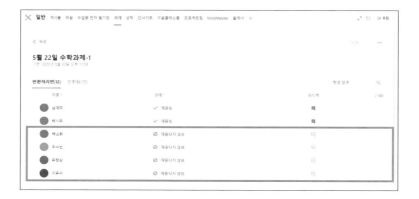

과제 설명 영상을 시청하는 집단'과 '실시간 화상 수업에 참여하는 집단'으로 구분했다. 역동적 평가에서는 교사와 학생이 서로 효과적인 상호 작용을 하는 것, 그리고 학생의 특성에 맞는 개별화된 교수를 제공하는 것이 매우 중요하다. 따라서 특성에 따라 더 많은 지원이 필요한 학생들을 소집단으로 구성하고 교사가 효과적으로 상호 작용을 할 수 있는 '실시간 화상 수업 참여 집단'으로 구성할 필요가 있었다.

교사의 과제 설명 영상 시청

'교사의 과제 설명 영상을 시청하는 집단'에게는 '핵심 지식 및 기능 교수 영상' 때와 같이 팀즈의 수업 자료 업로드 기능을 활용해 영상을 제공했다. 영상의 내용은 학생들이 처음 영상을 시청한 후 수행한 평가 과제에 대한 설명으로 구성되었다. 학생들이 시청한 영상의 예는 다음과 같다.

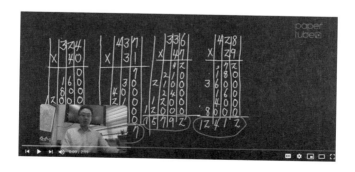

실시간 화상 수업 실시

실시간 화상 수업에 참여한 학생들은 이전 평가 과제에서 보인 오류들을 중심으로 재교수가 이루어졌다. 이후 재교수된 오류들에 기초해 과제를 제공했고 교사와 학생은 팀즈의 수업용 전자 필기장을 활용해 과제 수행의 전 과정을 공유하며 실시간으로 상호 작용했다. 교사와 학생의 상호 작용 장면의 예는 다음과 같다.

학생 재평가 과제 수행

영상을 시청한 후 또는 실시간 화상 수업을 한 후 학생들은 재평가 과제를 수행했다. 역동적 평가에서는 '평가-교수-재평가'의 과정을 통해 학생들의 변화를 확인하는 것이 매우 중요하다. 이에 따라 교수 사이 동일한 내용에 대해 두 번의 평가를 실시해서 핵심 지식 및 기능에 대한 학생들의 학습에 진전도(progress)를 분석하고자 했다. 그리고 이를 바탕으로 확인을 위한 피드백과 추가 과제를 준비해 제공했다.

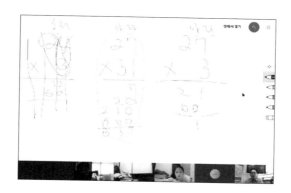

이와 같이 4학년 곱셈과 나눗셈 수업 14차시를 진행한 후 학생들을 일반 학생과 저성취 학생으로 구분해 실험 집단과 비교 집단의 성취도를 4회에 걸쳐 비교한 결과는 다음과 같다.

		실험 집단				비교 집단			
		1차	2차	3차	4차	1차	2차	3차	4차
일반 학생	평균 (표준편차)	16.77 (4.74)	18.40 (5.03)	21.57 (3.65)	24.03 (2.36)	16.94 (7.73)	18.61 (9.11)	18.19 (8.35)	19.13 (8.41)
저성취 학생	평균 (표준편차)	4.55 (2.94)	9.18 (3.82)	12.82 (1.78)	13.45 (2.11)	5.80 (3.52)	5.00 (3.23)	8.00 (5.23)	6.90 (5.26)

곱셈과 나눗셈 성취도 평가 결과

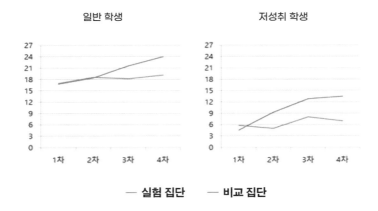

일반 학생 　　　　　저성취 학생

— 실험 집단　　— 비교 집단

위의 성취도를 통계적으로 분석해본 결과 일반 학생의 경우 역동적 평가를 적용한 온라인 수업을 받은 실험 집단 학생들이 비교 집단의 학생들보다 성취도에서 더 큰 향상을 보였다. 그리고 저성취 학생의 경우 역시 실험 집단 학생들이 비교 집단의 학생들보다 더 큰 향상을 보였다.

아울러, 역동적 평가를 적용한 수업 모형을 바탕으로 온라인 수업을 진행한 교사들은 다음과 같은 의견을 내놓았다.

　- '평가-교수-재평가'의 과정을 통해 교사와 학생 모두 학생의 변화를 확인할 수 있었고 이것이 수업 참여에 큰 동기로 작용했다. 이를 통해 온라인 수업이 진행됨에 따라 성취가 떨어지는 학생들의 참여율 문제도 해결할 수 있었다.

- 온라인 수업 시 역동적 평가를 통해 학생들과 상호 작용을 함으로써 온라인 수업에서 놓칠 수 있는 학생들의 오류에 대해 민감하게 확인할 수 있었다. 또한 그만큼 학생들에게 시기적절하게 피드백을 제공하고 교정해 지도 효과를 높일 수 있었다.

 - 온라인 수업 시 역동적 평가를 적용함으로써 교사 중심의 일방향 수업을 학생 중심의 수업으로 가지고 갈 수 있어서 좋았다. 학생들을 수업의 중심에 놓고 개인별 수준에 맞춘 개별화된 교수를 제공할 수 있어 수업의 효과를 높일 수 있었다.

위의 의견을 종합해보면, 역동적 평가를 적용한 온라인 수업은 학생들에게 효과적인 수업 모형이라 할 수 있다. 물론 온라인 수업 시 역동적 평가를 적용한 모형만이 정답이란 얘기는 아니다. 하지만 온라인 수업을 위한 모형들이 많이 개발되어 있지 않은 현재의 상황에서 이는 하나의 방법이 될 수 있을 것으로 기대된다. 또한 온라인 수업 상황에서 많이 우려되는 학습 결손 문제의 해결 방법이 될 수 있을 것이다.

수업에 적용된 Tool

팀즈 수업용 전자 필기장

수업용 전자 필기장은 윈도우10에 탑재되어 있는 원노트에 클래스 노트 기능이 추가된 것이라고 보면 이해가 쉽다. 역동적으로 학생에게 피드백을 제공하기 위해서는 학생이 수학 문제를 푸는 과정을 실시간으로 관찰해야 했다. 그래서 수업용 전자 필기장을 활용해 팀즈에 과제로 내고 학생들이 문제를 푸는 동안 학생 노트를 돌아다니면서 풀이 과정을 지켜보도록 했다.

수업용 전자 필기장은 전자펜과 함께 사용하면 더 큰 시너지 효과를 낼 수 있다. 먼저 수업용 전자 필기장으로 과제를 내기 위해서는 수학 학습지를 인쇄물로 다음과 같이 삽입해야 한다. 보통 삽입을 할 때에는 콘텐츠 라이브러리 섹션에 페이지를 추가해 삽입한다.

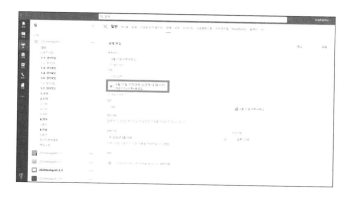

　수업용 전자 필기장에 수학 학습지 삽입이 완료되면 바로 팀즈의 과제 기능을 사용해 학생들에게 과제를 낸다. 이때 수업용 전자 필기장을 리소스로 첨부해야 학생들의 노트에 업로드된다.

　수업용 전자 필기장으로 과제를 내고 나면 이제 학생들의 과제 노트를 돌아다니면서 수학 문제를 푸는 과정을 지켜보면 된다. 이때는 수학에 부진한 학생들을 중심으로 관찰하면서 실시간으로 피드백을 해주는 것이 중요하다.

　다음 화면을 보자. 여기서 빨간색은 교사이고 검정색은 학생이다. 교사가 빨간색으로 세로 선을 그어주었다. 이는 자릿수의 개념을 명확하게 할 수 있도록 피드백을 제공한 것이다. 이어서 학생은 검정색을 활용해 수학 문제를 해결했다. 이렇게 온라인상에서 즉각적으로 피드백을 할 수 있다는 점에서 수업용 전자 필기장은 매우 유용했다.

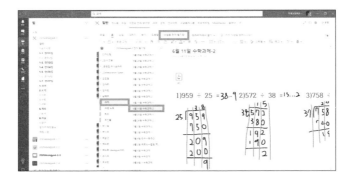

　지금 수업에 적용된 툴의 사용 방법에 대해서 설명하고 있지만 사실 각 플랫폼의 매뉴얼들은 짧게는 2개월에서 길게는 6개월마다 업그레이드된다. 따라서 지금 설명하고 있는 앱이 업그레이드된다면 사용 방법도 달라지게 된다. 중요한 것은 우리가 강조하고 있는 역동적 평가를 수업에 적용하기 위해서 어떤 기능들이 필요하고 그 기능들이 어떻게 업그레이드되는가이다. 그리고 새로운 기능들을 어떻게 역동적 평가를 위한 온라인 수업에 적용하고 활용할 것인지에 대해 끊임없이 연구해야 한다.

Online Class

PART 2

온라인 수업 실천 사례
_ 초등학교

1. 국어 :
실시간 피드백을 통한 글쓰기 수업

　온라인 개학을 하게 되었다. 이를 위해 학교에서는 매일 회의를 했고, 그 결과 과제 제시형, 콘텐츠 제시형, 쌍방향 소통형 수업 형태 중 같은 학년끼리 협의를 통해서 정하도록 했다. 동학년 협의 결과 과제 제시형 수업 형태로 결정이 났다. 온라인 학습 플랫폼은 학교에서 클래스팅으로 통일했다. 이렇게 해 우여곡절 끝에 온라인 수업이 시작되었다. 그리고 이때까지만 해도 온라인 수업의 후폭풍을 예상하지 못했다.

　온라인 수업이 과제 제시형으로 진행되다 보니 학생들이 과제를 했는지 확인하는 것이 주요 업무가 되었다. 문제는 EBS 영상을 보지 않거나 과제를 하지 않은 학생들에게 메시지를 보내거나 연락을 해서 독려해도 소용이 없다는 것이었다. 과제를 한 경우에도 학생에게 개별적인 피드백을 제공하기가 매우 어려웠다. 온라인 수업이 계속

되면서 고민도 늘어만 갔다. 결국 함께 공부를 하고 있는 GEG 경기 교사들과 고민을 나누었고 과제 제시형과 쌍방향 소통형 수업을 절충해서 적용하기로 결정했다. 특히 피드백의 중요성에 대해서 깊은 대화를 나누었고 온라인 수업에서 역동적 평가를 적용하기로 했다.

과제 제시형과 쌍방향 소통형 수업을 절충하기로 했기에 클래스팅과 함께 사용할 학습 플랫폼을 새롭게 선택해야 했다. 화상 연결도 되면서 학생들에게 과제를 내줄 수도 있어야 했고 무엇보다도 학생들이 제출한 모든 과제와 교사의 피드백이 클라우드에 저장되어 학생의 성장을 직접 확인할 수 있는 플랫폼이 필요했다. 그래서 팀즈를 선택했다. 팀즈는 팀즈 미트 기능을 통해서 실시간 화상 연결이 가능했고 과제 기능을 사용하면 학생들과 쉽게 피드백을 주고받을 수 있었다. 그리고 쉐어 포인트 저장소에 모든 학생의 과제가 저장되기 때문에 학생의 과제가 어떻게 변화되었는지 직접 확인할 수 있고 또 그에 따른 개별적 피드백도 해줄 수 있었다.

온라인 수업의 흐름은 GEG 경기 교사들과 함께 고민하면서 만든 '역동적 평가를 적용한 온라인 수업 모델' 단계에 맞춰서 진행했다. 소개하고자 하는 사례는 초등학교 6학년 국어 7단원 '우리말을 가꾸어요' 온라인 수업이다.

교과 국어(6학년)
단원명 7. 우리말을 가꾸어요.
단원 주제 올바른 우리말 사용을 주제로 근거를 들어 글쓰기

📑 차시 수업 계획 - - - - - - - - - - - -

차시	수업 내용 및 활동
1~2차시	자신의 언어 생활 점검하기
3~4차시	우리말 사용 실태 알아보기
5~6차시	우리말 사용 실태 조사하기
7~8차시	실태 조사를 바탕으로 하여 올바른 우리말 사용을 주제로 글쓰기
9~10차시	올바른 우리말 사례집 만들기

역동적 평가를 온라인 수업에 적용하기 위해서는 먼저 해당 단원의 핵심적인 지식과 기능을 강의형 콘텐츠로 학생들에게 전달해야 했다. 직접 영상을 만들어서 제공할 수 있지만 전 과목을 가르치는 초등학교 교사의 입장에서 큰 부담이 되었다. 그래서 EBS 콘텐츠를 선별해서 제공했다.

초등 6학년 국어 7단원의 주요 활동은 우리말 사용 실태를 조사하고, 조사한 내용을 바탕으로 자신의 주장을 펼치는 한 편의 글을 완성해 발표하는 것이다. 이를 위해 우리말 사용 실태 조사 활동이

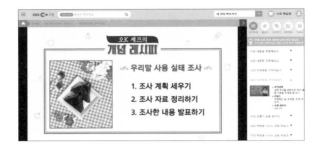

선행되어야 했다. 우리말 사용 실태 조사는 마이크로소프트의 폼즈 앱을 사용했는데, 구글 설문지처럼 매우 간단해서 학생들도 직관적으로 바로 사용할 수 있었다. 조사는 GEG 경기에서 초등학교에 근무하는 교사들의 학급을 대상으로 진행했다. 초등학생들의 우리말 사용 실태를 조사한 결과는 다음과 같았다.

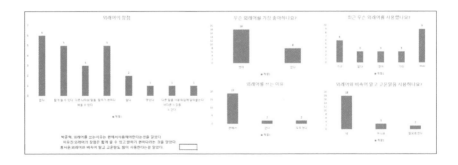

EBS 영상을 시청하고 우리말 사용 실태를 조사한 후에는 구글 문서를 활용해 평가 과제에 대해 안내했다. 구글 문서에 학급 학생들이 모두 확인할 수 있도록 공유를 걸어서 언제든지 접속해 안내받을 수

있도록 했다. 과제는 팀즈의 과제 기능을 사용해 학생들에게 제공했다. 기본 과제 형태는 마이크로소프트사의 워드를 사용했고 '개요 짜기' 과제에서 '글쓰기' 과제로 나아갈 수 있도록 단계별로 과제를 제시했다. 구글 문서를 활용한 평가 과제 안내 장면은 다음과 같다.

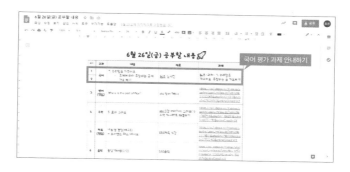

과제가 안내되고 학생들의 과제 수행이 시작되었다. 팀즈에서는 학생들이 과제를 수행하는 과정을 실시간으로 온라인상에서 확인할 수 있다. 그래서 학생들의 과제 수행 과정에 직접 관여하면서 피드백을 주거나 학생들이 제출한 과제를 분석하고 오류를 해석해 필요한 피드백을 메모 형태로 적어서 제공할 수 있었다. 개요 짜기 단계에서는 주로 학생들이 제출한 과제를 분석해서 필요한 피드백을 메모 형태로 적어서 제공했다. 학생들이 제출한 개요를 보면서 어떤 피드백을 주어야 할지 판단이 서지 않는 경우에는 GEG 경기에 있는 교사들과 함께 학생의 과제를 보면서 학생의 현재 쓰기 수준을 파악하고 어떤 부분을 보완해야 하는지에 대해서 협의를 한 후 피드백을 했다.

학생이 제출한 과제를 분석하는 장면은 다음과 같다.

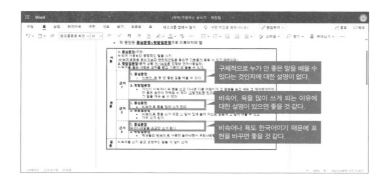

개요 짜기 과제를 통과한 학생들은 자신이 쓴 개요를 바탕으로 한 편의 글을 완성하는 과제를 수행하도록 했다. 개요 짜기 과제 수행 이후에는 학생들의 글쓰기 수행 수준을 판단할 수 있었다. 개요 짜기 과제를 훌륭하게 수행해 한 편의 글을 제대로 완성할 수 있는 학생들에게는 메모 형태의 피드백을 제공하도록 했다. 쓰기 수준이 어느 정도 갖춰진 학생들은 서면으로 제공되는 피드백도 잘 해석해서 자신의 글에 반영할 수 있기 때문이었는데 대체로 자신의 글을 스스로 잘 수정하면서 쓰기 과제를 완성했다. 메모 형태로 피드백을 제공하는 장면은 다음과 같다.

  개요 짜기 과제에서 많은 수정을 필요로 했던 학생들에게는 실시간 화상 연결을 통해 대화를 주고받으면서 쓰기 과제 수행에 대한 피드백을 제공했다. 수정해야 할 내용이 많은 경우에는 일대일로 화상 연결을 통해서 피드백을 했고 비슷한 오류를 보이는 학생들이 있는 경우에는 서너 명씩 그룹을 지어서 화상으로 피드백을 했다. 피드백을 잘 이해하지 못하는 경우에는 팀즈 미트의 제어권 요청 기능을 사용해 직접 학생의 컴퓨터를 사용해 시범을 보여주면서 자세하게 알려주었다. 3명씩 그룹을 지어서 화상으로 피드백을 하는 모습은 다음과 같다.

쓰기 과제를 계속 수행하다 보니 우수한 능력을 가진 학생들은 쓰기 과제를 빠르게 수행했지만, 보완할 점이 많은 학생들은 과제 수행 속도가 느렸다. 피드백을 제공해야 할 학생들이 늘어났고 일일이 교사가 학생들을 대상으로 피드백을 제공하기에는 물리적인 시간이 부족했다. 결국 난관에 봉착했고 다시 GEG 경기 교사들과 회의를 진행했다. 교사들과 협의하며 또래 교수자를 활용한 피드백 제공 활동에 대해서 이야기를 나누게 되었다.

같은 또래의 학생들에게 피드백을 받는 경우, 심리적 장벽이 낮아져서 교사에게 받는 경우보다 학습이 잘 이루어질 수 있으며 피드백을 제공하는 학생들도 자신이 알고 있는 내용을 가르치면서 좀 더 명확하게 이해하게 되는 장점이 있다. 그래서 바로 글쓰기 과제를 우수하게 수행한 학생들을 선별해 또래 교수자로 선정했다. 그리고 또래 교수자 학생들에게 부족한 부분에 대한 피드백을 어떻게 해야 하는지에 대해서 설명해주었고 피드백이 필요한 두세 명의 학생들 그룹을 만들어주었다. 또 팀즈 미트 화상 모임 기능에 대해 알려주어서

온라인 수업의 모든 것

직접 화상방을 만들고 피드백이 필요한 학생들에게 동시에 실시간 화상 연결을 통해 피드백을 했다.

이렇게 해서 실시간 피드백을 받으며 모든 학생들이 글쓰기 과제를 완성했다. 그러나 이게 끝이 아니었다. 중요한 것은 자신이 얼마나 성장했는지 보여주면서 노력한 만큼 더 성장할 수 있다는 자신감과 가능성을 심어주는 것이었다. 그래서 4단원에서 자신이 쓴 글과 7단원에서 자신이 쓴 글을 비교해서 보여주며 교사의 피드백과 본인의 노력을 통해서 어떻게 나아졌는지 확인하도록 했다. 다음 사례로 보여주는 글은 우리 반 학생이 국어 4단원에서 과제로 제출한 쓰기 과제 결과물이다. 한눈에 봐도 글의 분량이 매우 적고 중심 문장과 보조 문장으로 이루어지는 문단 쓰기가 전혀 되지 않은 것을 알 수 있다.

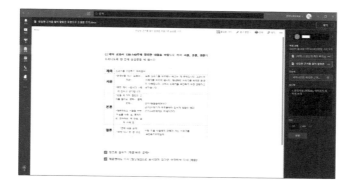

다음은 같은 학생이 국어 7단원에서 제출한 글쓰기 과제 결과물이다. 4단원에서 제출한 글쓰기 과제 결과물에 비해 분량이 크게 늘

었으며 주장하는 글쓰기의 구조에 맞게 글의 짜임이 갖추어져 있다. 그리고 중심 문장과 보조 문장으로 이루어지는 문단 쓰기가 전에 비해 제대로 이루어져 있는 것을 확인할 수 있다. 무엇보다도 학생 본인이 가장 크게 놀랐다. 처음에는 할 수 있다는 자신감을 심어주기 위해서 보여주었는데 전반적인 학습 태도와 학교 생활의 모습이 긍정적으로 변화되는 데 결정적인 역할을 하게 되었다.

수업에 적용된 Tool

팀즈 과제 기능

이 수업에 적용된 툴 기능은 '팀즈의 과제' 기능이다. 팀즈는 학생들에게 과제를 낼 수 있고 또 과제를 제대로 수행하지 못한 학생들에게는 과제를 반환해 다시 제출하도록 할 수 있다. 중요한 것은 교사가 학생에게 제공하는 피드백과 그 피드백을 받고 다시 제출한 과제가 버전별로 클라우드에 저장된다는 것이다. 이를 통해서 교사는 자신의 피드백이 어떻게 변화되었는지 분석할 수 있고 학생은 변화된 과제를 통해서 자신이 얼마나 성장했는지 확인할 수 있다.

먼저 과제 탭을 선택하면 과제와 퀴즈를 선택할 수 있다. '기존' 버튼을 누르면 기존에 사용했던 과제를 재사용할 수 있다.

과제 만들기를 진행하면 바로 제목과 과제에 대한 안내 사항을 지침 형태로 제공할 수 있다. 그리고 '리소스 추가' 버튼을 눌러서 과제를 제출할 때의 파일 형식을 정해줄 수 있다.

제출할 과제는 워드, 파워포인트, 엑셀, 수업용 전자 필기장 등의

파일 형태로 첨부할 수 있는데 학교에서는 주로 파워포인트 형식을
가장 많이 사용한다.

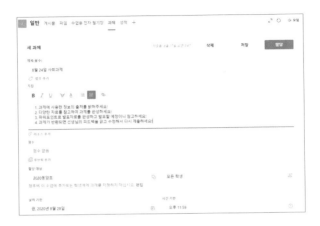

제출할 과제 형식을 선택, 파일의 이름을 정해주고 첨부한다.

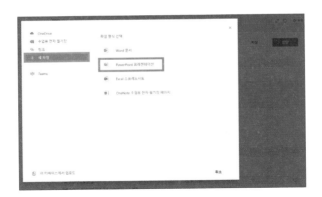

과제 형식이 첨부되면 바로 옵션을 클릭하고 학생이 자신의 복사본으로 편집할 수 있도록 설정해주어야 한다. 그렇게 하지 않으면 학생들은 과제 형식 파일을 보기 전용으로만 사용할 수 있고 편집을 해 제출할 수가 없다. 따라서 이 과정은 간단하지만 반드시 확인해야 한다.

다음으로는 루브릭을 추가해야 한다. 루브릭은 간단하게 말하면 채점 기준표로 학생들이 과제를 수행할 때 고려해야 할 사항이라고 할 수 있다. 이미 사용한 루브릭이 있다면 기존 루브릭을 재사용한

후 수정 작업을 진행할 수 있다. 그러나 처음 과제를 만드는 경우에는 '새 루브릭'을 선택해 직접 작성해야 한다.

새 루브릭 작성은 수행평가를 할 때 제공되는 평가 기준안을 참고하면 이해가 빠르다. 과제 제목과 간단한 설명을 작성한 후, 평가 항목과 그에 따른 평가 수준을 구분해 작성하면 된다. 학생들에게는 과제를 하기 전에 반드시 루브릭을 먼저 읽어보도록 안내한다.

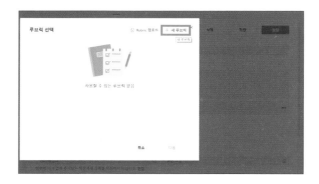

루브릭 작성까지 완료하면 날짜 기한을 정해야 한다. 편집을 누른다.

달력에서 과제 기한을 날짜로 설정하고 완료 버튼을 누른다.

모든 과정이 끝나면 '할당' 버튼을 눌러서 모든 학생들에게 과제를 내도록 한다.

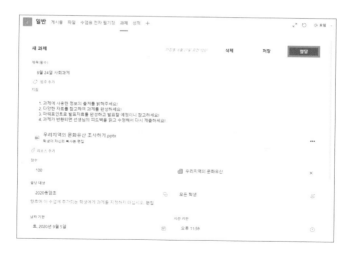

학생들이 과제를 모두 제출하게 되면 과제 상태를 점검하고 피드백을 한다. 필요하다면 다시 과제를 수정할 수 있도록 반환도 가능하다.

학생들은 과제를 반환받고 피드백을 반영해 다시 과제를 수행하게 된다. 그리고 학생들이 다시 과제를 제출하게 되면 '쉐어 포인트'에 학생이 다시 제출한 횟수만큼 버전별로 저장된다. 교사가 제공한 모든 피드백도 클라우드에 저장되기 때문에 이 기능을 잘 활용하면 온라인 수업 상황에서 역동적 평가를 제대로 적용할 수 있다.

2. 수학 :
3D 모델링 프로그램을
활용한 도형 수업

온라인 수업을 하면서 가장 고민이었던 것은 '학습 격차를 어떻게 하면 줄일 수 있는가'였다. 이를 위해 GEG 경기 교사들과 협의를 했고 역동적 평가를 적용한 온라인 수업 모델을 적용하면 좋겠다는 결론을 내렸다. 특히 수학의 연산 단원은 팀즈의 수업용 전자 필기장 기능을 활용해 온라인 수업을 효과적으로 진행할 수 있었다. 문제는 도형 단원이었다. 초등 4학년 '평면 도형의 이동' 단원에서는 밀기, 뒤집기, 돌리기가 나오는데 이 부분은 직접 조작을 하는 실습을 통해서 개념을 이해하는 것이 효과적이었다. 어떻게 하면 쌍방향 소통형 수업에서 도형 단원을 지도할 수 있을지에 대한 고민이 이어졌다. GEG 경기 교사들과 수업 협의를 진행했고, 3D 모델링 프로그램을 활용하면 좋을 것 같다는 의견이 나왔다. 이제는 어떤 프로그램을 사용하면 좋을지에 대해 의논했다. 스케치업(SketchUp)과 팅커캐드

(Tinkercad) 중 좀 더 쉽게 조작을 할 수 있는 팅커캐드가 적합하다는 결론을 내렸다. 특히 팅커캐드는 지스위트 계정을 활용해 클래스 개설이 가능했고 학생들에게 초대 코드를 제공해 쉽게 클래스 구성원을 추가할 수 있다. 이렇게 해서 팅커캐드를 활용해 도형 단원 수업을 진행하게 되었다.

📑 교과 및 단원 - - - - - - - - - - - -

> **교과** 수학(4학년)
> **단원명** 2. 평면 도형의 이동
> **단원 주제** 평면 도형을 밀고, 뒤집고, 돌리는 활동을 통해 다양한 결과 추론하기

📑 차시 수업 계획 - - - - - - - - - - - -

차시	수업 내용 및 활동
1차시	단원 도입
2차시	평면도형을 밀어볼까요?
3차시	평면도형을 뒤집어볼까요?
4차시	평면도형을 돌려볼까요?
5차시	평면도형을 뒤집고 돌려볼까요?
6차시	무늬를 꾸며볼까요?
7차시	생각수학 : 처음 조각을 알아볼까요?
8차시	얼마나 알고 있나요?
9차시	탐구수학 : 규칙적인 무늬로 교실을 꾸며볼까요?

본 수업에서는 도형 단원의 핵심 지식과 기능인 밀기, 돌리기, 뒤집기에 대한 개념과 수행하는 방법을 이해하고 실제로 해보는 것이 중요했다. 그러기 위해서 먼저 교과서를 캡처하고 파워포인트에 삽입한 후 화면 녹화 기능을 통해 간단한 영상을 만들어서 학생들에게 제공했다. 영상의 길이는 5분 내외로 제작했으며 핵심적인 내용을 요약해서 전달할 수 있도록 했다. 초등 수학 도형 단원의 핵심 지식 및 기능을 설명하는 장면은 다음과 같다.

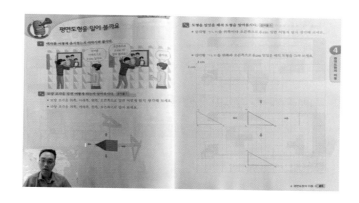

팅커캐드를 온라인 수업에 적용하기 위해서는 간단한 사용 방법을 알려줘야 했다. 그래서 팅커캐드를 조작하는 방법에 대한 설명을 실시간 화상 연결을 통해 알려주었고 짧은 영상으로도 제작해서 제공했다. 과제에 대한 설명도 직접 실시간 화상으로 시범을 보여서 빠르게 이해할 수 있도록 했다.

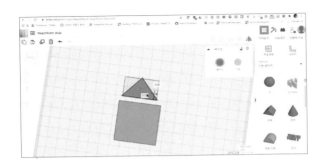

　학생들의 과제 수행이 완료되면 바로 팅커캐드 클래스에 접속해 학생들의 과제 수행 결과물을 확인했다. 팀즈 미트 화상 연결이 된 상태에서 결과물을 점검하고 바로 피드백을 주어 즉시 수정할 수 있게 했다.

　학생들의 과제에 대한 피드백을 댓글로 제공할 수도 있다. 학생들의 과제 수행 속도에 따라 실시간으로 피드백을 할 수 없을 때에는 댓글로 피드백을 했다. 팅커캐드에 댓글을 달아서 피드백을 하는 모습은 다음과 같다.

　학생들이 텍스트로 적어준 피드백을 잘 이해하지 못하는 경우나 과제 수행을 잘못 이해하고 수행한 경우에는 직접 시범을 보이기 위해 팀즈 제어권 요청 기능을 사용했다. 직접 학생의 컴퓨터를 제어하면서 3D 모델링으로 밀기, 돌리기, 뒤집기 기능을 시범 보이며 과제를 제대로 수행할 수 있도록 했다. 팀즈 제어권 요청 기능을 통해 학생 컴퓨터를 제어하는 모습은 다음과 같다.

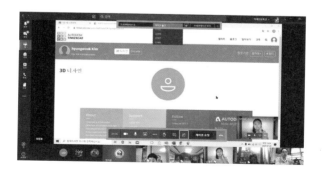

 학생들은 피드백을 받고 과제를 수정해 다시 제출했다. 팀즈를 기본 플랫폼으로 사용했기 때문에 수정한 내용을 캡처해서 제출하기도 했다. 제출한 과제가 잘못된 경우에는 다시 피드백을 하고 수정해서 다시 제출하게 했다. 첫 번째 과제를 제출하고 나서 피드백을 받은 후 다시 과제를 수정해 제출하는 모습은 다음과 같다.

 첫 번째 과제를 제출한 후 피드백을 받고 다시 수정해 제출했음에

도 불구하고 과제를 수정해야 하는 학생들은 다시 피드백을 받고 과제를 수정해 다시 제출했다. 이렇게 피드백을 받으며 과제는 점점 발전되어가고 학생의 과제 수행 능력은 향상되었다. 세 차례에 걸쳐 피드백을 받고 다시 과제를 제출한 모습은 다음과 같다.

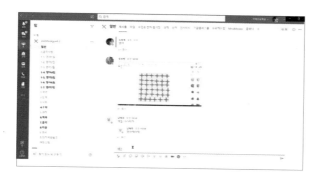

수업에 적용된 Tool

팀즈의 제어권 요청 기능

이 수업에 적용된 핵심적인 툴 기능은 바로 팀즈의 제어권 요청 기능이다. 팀즈는 데스크톱 버전을 다운로드해 실행하면 상대방 컴퓨터의 제어권을 요청하거나 자신의 컴퓨터 제어권을 제공하면서 서로 도움을 주고받을 수 있다. 먼저 도움을 받고자 하는 학생이 팀즈 미트에서 화면 공유를 해야 한다. 그러고 나면 도움을 주고자 하는 교사의 컴퓨터 화면에는 '제어권 요청' 버튼이 활성화된다. 교사는 활성화된 '제어권 요청' 버튼을 클릭하면 된다.

'제어권 요청' 버튼을 클릭하면 학생의 화면에는 '허용' 또는 '거절' 버튼이 활성화된다. 학생이 '허용' 버튼을 누르면 교사는 학생의 컴퓨터를 제어할 수 있게 된다.

다음 그림이 바로 교사가 학생의 컴퓨터를 제어하는 모습이다. 학생의 컴퓨터 화면에 2개의 마우스 포인터가 보이는데 하나는 학생의

것이고 다른 하나는 교사의 것이다. 팀즈의 제어권 요청 기능을 적절히 활용하면 팀즈에서 발생하는 문제뿐만 아니라 컴퓨터로 인해 전반적인 어려움을 겪는 학생들에게 빠른 도움을 줄 수 있다.

3. 사회 :
파워포인트를 이용한
모둠별 발표 수업

 사회 교과에서는 조사하고 발표하는 학습 활동이 많았다. 그래서 대면 수업을 할 때에는 컴퓨터실을 활용해 인터넷 조사 활동을 모둠별로 하고 파워포인트나 구글 슬라이드로 발표 자료를 만들어 발표하는 수업을 했었다.

 이번에는 대면 수업에서 이루어졌던 활동들을 온라인 수업에서도 적용할 수 있도록 수업 설계를 해보았다. 소개하고자 하는 내용은 초등 4학년 사회 3대단원의 1소단원 '우리 지역의 공공기관' 온라인 수업 사례이다.

교과 사회(4학년)
단원명 3-1. 우리 지역의 공공기관
단원 주제 공공기관이 하는 일과 주민 참여의 바람직한 태도 알아보기

📋 차시 수업 계획 - - - - - - - - - - - - -

차시	수업 내용 및 활동
1차시	단원 학습 내용 예상하기
2~3차시	공공기관이 무엇인지 알아보기
4~5차시	공공기관의 종류와 역할 알아보기
6~7차시	우리 지역의 공공기관 견학해보기
8차시	우리 지역의 문제 알아보기
9~10차시	지역 문제 해결해보기
11~12차시	주민 참여의 중요성과 방법들을 사례를 통해 알아보기
13차시	주민 참여의 바람직한 태도 알아보기
14~15차시	단원 학습 내용 정리 및 사고력 학습

먼저 핵심 지식과 기능 교수를 위해 교과서를 캡쳐하고 간단한 설명 내용을 추가해 5분 내외의 학습 콘텐츠를 제작했다. 학생들이 다양하게 접근할 수 있도록 운영하고 있는 유튜브 채널에 업로드해 링크를 알려주고 또 팀즈에도 유튜브 영상 탭 추가 기능을 활용해 영상을 업로드했다.

핵심 지식 및 기능 교수 영상을 시청한 후에는 팀즈 과제 기능을 활용해 공공기관의 종류와 역할에 대해서 조사하고 파워포인트로 결과물을 제출하도록 했다. 이때에는 과제를 모든 학생들이 아닌 모둠장에게만 내주고, 모둠장은 자신의 모둠원에게 파워포인트 공유 기능을 사용해 공동 작업을 할 수 있도록 설정하게 했다. 팀즈 과제 기능을 사용해 사회 과제를 설명하는 모습은 다음과 같다.

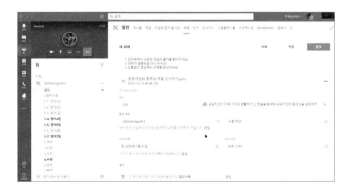

모둠장이 모둠원에게 파워포인트 공유를 하게 되면 다음과 같이 공동으로 발표 자료를 작업할 수 있게 된다. 클라우드 기반 파워포인트이기 때문에 학생들이 작업하는 모든 내용은 자동으로 저장되며 이전 버전 기록 기능을 사용하면 과거에 작업했던 버전으로 복원하는 것도 가능했다. 무엇보다도 누가 어떤 작업을 했는지 확인할 수 있어 모둠 활동에서 벌어질 수 있는 무임승차를 방지할 수 있었다.

모둠장들의 공유 작업이 완료되고 바로 모둠별 공동 과제 수행이 시작되었다. 과제를 수행하기 위해서는 서로 협의해야 하기에 모둠장이 파워포인트를 공유하는 것뿐 아니라 자신의 팀에서 팀즈 미트로 화상방을 열어 모둠 회의도 주관하게 했다. 모둠별로 화상 회의가 이루어지면서 온라인 협업 활동이 이루어졌다. 피드백은 각 모둠에서 이루어지고 있는 팀즈 화상 회의 방을 돌아다니면서 모둠의 성격과 과제 수행 과정 단계에 맞게 제공했다. 모둠 협업 활동이 유기적으로 잘 이루어지는 모둠에게는 파워포인트의 메모 기능을 활용해 피드백을 했다. 모둠 구성원이 모두 메모 기능으로 제공된 피드백을 보면서 수정할 내용들을 반영해 바로 발표 자료를 다시 만들었다.

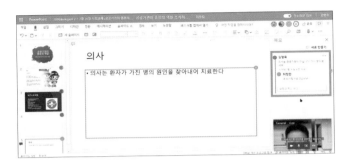

산만하고 집중이 잘 되지 않는 모둠에게는 메모 기능보다 직접 화상 회의 방에 참여해 구두로 피드백을 했다. 그래도 피드백이 잘 반영되지 않는 경우에는 팀즈 제어권 요청 기능을 사용해 직접 학생 컴퓨터를 제어해 시범을 보여주었다.

모둠별 과제가 완료된 모둠에게는 온라인 발표 연습을 하도록 안내했다. 그래서 모든 모둠이 발표 자료를 완성하게 되면 직접 모둠장이 화면 공유를 설정하고 완성된 발표 자료를 구성원들과 함께 발표하도록 했다. 발표 전에는 학생들에게 상호 평가를 위한 평가 기준을 안내해 평가 관점을 유지하면서 직접 평가를 할 수 있게 했다. 온라인 상에서 모둠 발표를 하는 모습은 다음과 같다.

모둠 발표가 끝난 후에는 바로 상호 평가를 했다. 평가 체크 리스트를 엑셀로 팀즈 탭에 추가해 모둠별 공동으로 평가가 가능했다. 평가 결과는 자동으로 합산되도록 간단한 함수 설정을 해놓았다. 이렇게 해서 모든 모둠의 발표가 끝나고 평가까지 완료되면 바로 모둠별 점수 집계가 완료되어 어느 모둠이 가장 좋은 점수를 받았는지 알 수 있다.

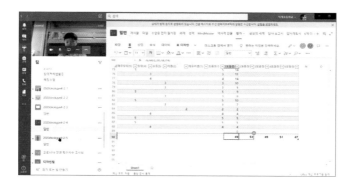

모둠별 상호 평가까지 완료된 후에는 모둠장이 발표 과제를 최종 제출했다. 그리고 상호 평가 결과와 제출한 결과물의 수준을 참고해 모둠별 과제 점수와 함께 피드백을 했다. 여기서 중요한 것은 다양한 피드백을 통해 모둠별 공동 작업 결과물이 성장했다는 것이다. 또 이러한 형태의 수업을 여러 번 실시해 그 과정에서 이전에 비해 모둠 협업 과제 결과물이 얼마나 성장했는지 확인하면서 긍정적인 피드백을 제공하는 것에 이 수업의 의의가 있다.

수업에 적용된 Tool

클라우드 파워포인트

이 수업에서 핵심적으로 적용된 툴은 클라우드 파워포인트이다. 클라우드 기반 파워포인트는 공유 기능을 사용해 팀원들과 함께 공동 작업이 가능하며 메모를 통해 서로 피드백을 주고받을 수 있다. 공유하는 방법은 다음과 같다. 파워포인트를 실행시키고 우측 상단에 '공유' 버튼을 누른다. 그리고 공유하고자 하는 팀원들의 계정을 입력하고 보내기를 누르면 팀원들의 아웃룩(Outlook) 이메일로 초대 메일이 가게 된다. 이때 수락을 누르면 함께 공동 작업이 가능하다.

　　학생들이 클라우드 파워포인트로 공동 작업을 하는 과정을 지켜보다가 피드백을 남기고 싶을 때에는 메모 기능을 사용하면 된다. 먼저 전체적인 피드백을 남기고자 한다면 '공유' 버튼 오른쪽 '메모' 버튼을 누르고 '새로 만들기' 버튼을 클릭해서 해당 슬라이드를 만든 학생에게 피드백 메시지를 남기면 된다. 그리고 특정 부분에 대한 수정 메시지를 남기기 위해서는 먼저 수정하고자 하는 부분을 블록으로 지정하고 '새 메모' 버튼을 클릭해서 피드백 메시지를 남길 수 있다.

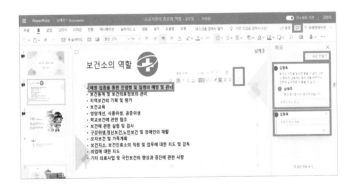

4. 영어 :
영어 교육 전문가와 또래 교수자를 활용한
온라인 수업

영어는 학생들 사이의 수준 차이가 많이 나는 과목 중 하나였다. 특히 사교육을 받은 학생들과 그렇지 못한 학생들 간에는 분명한 학습 격차가 있었다. 일단 간단한 영어 문장 읽기 테스트를 통해서 영어를 읽을 수 있는 학생들과 읽지 못하는 학생들로 구분했다. 그리고 영어를 읽을 수 있는 학생들을 영어 멘토로 임명하고 2~3명씩 그룹을 지어서 또래 교수가 이루어질 수 있도록 했다. GEG 경기 교사들과도 어떻게 하면 온라인상에서 영어 학습이 제대로 이루어질 수 있을지 함께 고민했다. 다양한 의견 속에서 영어 교육 전문가와 함께 협력 교수를 통해 수업을 진행하면 효과적일 것 같다는 결론이 내려졌다. 영어 교육 전문가로는 GEG 경기의 리더이자 구글 이노베이터인 쥬디 킴 교수님께서 함께하기로 했다. 이렇게 해서 영어 교육 전문가 및 또래 교수자를 통해 영어 읽기와 말하기 능력을 향상시킬 수 있는 온라인 영어 수업을 하게 되었다. 소개하고자 하는 내용은 초등 4학년 영어 2단원 'Let's Play Soccer'의 온라인 수업 사례이다.

📋 교과 및 단원 ‒‒‒‒‒‒‒‒‒‒‒‒‒

교과 영어(4학년)
단원명 2. Let's Paly Soccer(천재교육)
단원 주제 운동을 제안하고 이에 답하는 다양한 활동을 하며 영어 의사소통 역량 키우기

📋 차시 수업 계획 ‒‒‒‒‒‒‒‒‒‒‒‒‒

차시	수업 내용 및 활동
1차시	제안하고 이에 답하는 말을 듣고 이해하기
2차시	운동을 나타내는 낱말을 읽고 그 의미 이해하기
3차시	제안하는 문장을 읽고 그 의미를 이해하기
4차시	배운 표현을 활용해 협력 과업 수행하기

먼저 영어 교과서에 나오는 핵심 표현과 단어들을 중심으로 교과 내용을 전달하는 짧은 콘텐츠를 제작해 제공했다. 다행히 초등 4학년 영어 교육 과정에서 나오는 단어와 문장들은 짧고 간단한 것들이 많아서 학생들에게 큰 부담을 주는 난이도는 아니었다.

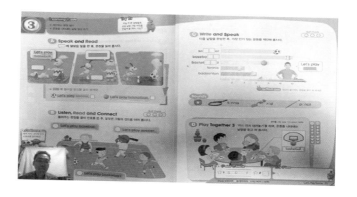

　　영상 시청을 완료한 후에는 영어 멘토 학생들이 팀즈 미트 기능을 활용해 화상 회의 방을 팀별로 만들고 또래 교수를 하도록 했다. 여기서 목표가 되는 표현과 단어들은 앞서 제공했던 영상 콘텐츠에 나오는 표현과 단어들로 했으며 멘티로 선정된 학생들의 수준에 따라서 다양한 방법으로 또래 교수를 할 수 있게 했다.

　　해당 단원의 핵심 지식과 기능을 익힌 후에는 영어 과제를 수행하

도록 해야 했다. 영어 수업의 궁극적 목표가 영어 말하기와 읽기 능력을 향상시키는 것이기 때문에 이에 적합한 앱을 사용하면 좋겠다고 생각했다. 쥬디 킴 교수님과 협의 후, 플립그리드 앱을 사용하기로 했다. 플립그리드는 자신의 발표 영상을 손쉽게 업로드할 수 있고 학생들이 업로드한 영상에 댓글로 영상을 업로드할 수 있는 장점이 있었다. 그래서 먼저 쥬디 킴 교수님이 학생들이 익힌 영어 표현과 문장을 응용해 쉽게 할 수 있는 영어 말하기 과제를 플립그리드에 업로드했다. 학생들에게는 쥬디 킴 교수님의 플립그리드 영상을 보고 댓글로 자신의 영어 과제 수행 영상을 녹화해 업로드하도록 했다. 쥬디 킴 교수님의 플립그리드 영어 과제 안내 장면은 다음과 같다.

학생들은 쥬디 킴 교수님의 플립그리드 과제 안내 영상을 보고 댓글로 영어 미션을 수행하는 과제 영상을 업로드했다. 업로드한 과제 영상을 보면서 수정해야 할 부분이나 오류를 범하고 있는 부분들을 분석했고 어떤 피드백을 주어야 하는지에 대해서 쥬디 킴 교수님과 협의하며 다음 수업을 준비했다.

플립그리드 영어 과제를 모두 수행하고 난 후에는 쥬디 킴 교수님과 학급 전체 학생들이 구글 미트로 만나서 인사를 했다. 그리고 팀즈에서처럼 구글 미트에서도 영어 팀별로 구글 미트 방을 만들도록 하고 쥬디 킴 교수님과 함께 돌아다니면서 학생들이 제출한 플립그리드

영어 과제 영상에 대한 피드백과 간단한 테스트를 진행했다. 쥬디 킴 교수님의 간단한 피드백과 테스트 진행이 완료된 팀에게는 다음 단원의 핵심적인 문장과 단어를 제공해 또래 교수가 이루어질 수 있도록 했고 피드백과 테스트를 아직 받지 못한 팀에게는 전에 배운 내용을 복습하며 테스트에 대비할 수 있게 했다. 쥬디 킴 교수님이 영어 팀별 피드백을 제공하고 있는 모습은 다음과 같다.

쥬디 킴 교수님의 피드백과 테스트가 모두 끝나게 되면 바로 다음에 배울 영어 단원의 핵심 문장과 단어를 소개하는 영상을 보고 멘토

학생이 멘티 학생들을 가르치면서 플립그리드 과제 수행을 도와주도록 했다. 두 번 정도 비슷한 형태로 수업을 진행하니 그다음부터는 학생들도 익숙해져서 전체적으로 매끄럽게 수업을 진행할 수 있었다.

다음에 배울 영어 문장과 단어를 멘토 학생과 함께 공부한 후에는 다시 쥬디 킴 교수님이 전체 학급을 대상으로 강조해야 하는 내용들을 피드백으로 제공했다. 이렇게 팀별 피드백과 전체 학급을 대상으로 하는 피드백을 적절하게 활용해 학생들이 배운 내용을 더욱 잘 숙지할 수 있게 했다.

피드백 활동이 끝나면 이제 쥬디 킴 교수님이 업로드한 플립그리드 영어 미션 과제 영상을 보고 댓글 영상을 달도록 했다. 이렇게 반복적으로 플립그리드 앱을 활용해 영어 문장 읽기와 말하기 미션 영상을 지속적으로 업로드하게 했고 특히 피드백이 과제 수행에 반영될 수 있도록 해 궁극적으로 영어 말하기와 읽기 능력을 향상시킬 수 있었다. 그리고 학생들과 함께한 영어 교육 활동을 잘 정리하여 초등영어교육학회에 발표하였다.

플립그리드

이 수업의 핵심 툴은 플립그리드이다. 플립그리드는 댓글을 영상으로 업로드할 수 있고 업로드 방식이 매우 직관적이고 간단하다. 플립그리드는 보통 스마트폰을 사용해서 영상 업로드를 하는데 영상을 업로드할 때에는 카메라 버튼을 눌러서 녹화 장면으로 전환하고 바로 다시 카메라 버튼을 눌러 녹화를 시작하면 된다.

영상 녹화가 완료되면 오른쪽 초록색 체크 버튼을 클릭해 녹화가 제대로 되었는지 확인한다. 녹화된 영상이 마음에 들지 않을 경우 지우고 다시 영상 녹화를 진행할 수 있다.

영상 녹화 내용을 확인한 후에는 썸네일 장면을 선택해야 한다.

'Select Frame'을 선택해서 녹화된 영상 중 한 장면을 캡쳐하거나 'Import Image'를 클릭해 자신이 가지고 있는 새로운 사진을 업로드할 수도 있다.

썸네일 장면 선정까지 모두 완료되면 이제 자신의 이름과 영상에 대한 간략한 설명을 적어 넣고 제출 버튼을 누르면 된다. 그러면 다음과 같이 성공적으로 영상이 업로드된 것을 확인할 수 있다.

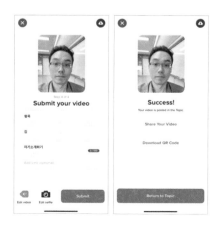

5. 음악 :
모둠별 연습으로 온라인의 한계를 극복한
리코더 실기 수업

온라인 수업을 진행하기 가장 까다로운 과목 중의 하나가 바로 음악이었다. 처음에는 코로나19가 이토록 오래 계속될 거라곤 생각하지 못했기에 이론 수업을 중심으로 진행했다. 그러나 사태가 장기화되자 실기 부분도 더는 미룰 수가 없게 되었다. 그래서 가정에서도 쉽게 접근할 수 있는 리코더 연주를 실시간 화상 수업을 통해 지도하기로 했다. 소개하고자 하는 내용은 초등 4학년 음악 1단원 '이 몸이 새라면' 온라인 수업 사례이다.

📋 교과 및 단원 - - - - - - - - - - -

교과 음악(4학년)
단원명 1. 이 몸이 새라면
단원 주제 리코더 파# 운지법을 익혀 리코더로 음악을 연주하기

📋 차시 수업 계획 - - - - - - - - - - - -

차시	수업 내용 및 활동
1차시	파# 운지법에 유의하며 리코더 연주하기
2차시	소리의 어울림을 느끼며 리코더 2중주 하기

　먼저 곡을 통해 배워야 하는 핵심 지식과 기능을 가르치기 위한 짧은 영상 콘텐츠를 제작했다. 특히 '이 몸이 새라면' 곡에서는 리코더로 파# 운지법을 익혀서 정확하게 부르는 것이 핵심이었다. 영상을 통해 바로크식 리코더와 저먼식 리코더 파# 운지법의 차이를 설명하며 직접 시범을 보였다.

　영상 시청 후에는 팀즈 미트 화상 회의 기능을 활용해 학급 전체 학생들이 함께 리코더 합주를 하도록 했다. 네트워크 속도에 따라

서 마치 돌림노래처럼 들리지만 비대면 온라인 수업에서 음악 교과를 지도하는 것에 의미를 둔다면 큰 문제는 아니었다. 학생들이 리코더를 연주하는 모습을 자세히 관찰하면서 파# 운지법을 제대로 하고 있는지, 잘 못한다면 원인은 무엇인지 주의 깊게 파악했다.

전체 학급 학생들의 리코더 합주가 끝나면 모둠으로 돌아가서 모둠장이 팀즈 미트 화상 회의 방을 만들고 모둠별로 연습을 하도록 했다. 네다섯 명이 한 팀이었는데 각 모둠에 리코더를 잘 연주하는 학생들 한두 명이 포함되어 있었다. 그래서 리코더 연주를 잘하는 친구들을 또래 교수자로 선정해 모둠 친구들의 연주를 도와주면서 모둠별 리코더 연습이 이루어지도록 했다. 모둠별 화상 회의 방을 돌아다니면서 실제로 연주하는 모습을 보거나 듣고 바로 보완할 부분들에 대해서 설명하면서 피드백을 했다.

　　모둠별 리코더 연주 연습이 충분히 이루어지고 나면 한 명씩 '이 몸이 새라면'을 연주하는 테스트를 했다. 테스트를 통과한 학생들은 팀즈 미트 화상 회의 방을 나가서 다음 과목 과제를 수행하도록 했고 통과하지 못한 학생들은 여러 차례 기회를 주어 반드시 통과할 수 있 게 했다. 대면으로 음악 수업을 할 때보다 아쉬움이 남긴 했지만 온 라인에서도 충분히 기악 합주 지도를 할 수 있다는 가능성을 봤다는 점에서 충분한 의미가 있었다.

수업에 적용된 Tool

팀즈 미트로 소회의실 구현

　　이 수업에서는 팀즈 미트를 응용해 소회의실 기능을 구현했다. 수 업에서는 각 모둠장들이 자신의 모둠 팀 일반 채널에서 팀즈 미트로 화상 모임 방을 만들어 모둠 활동을 하도록 했다. 다음 그림과 같이 화상 모임을 만들고자 하는 채널에서 팀즈 미트 기능을 실행시키면 팀에 소속된 구성원이 함께 화상 회의를 하며 온라인 협업 활동을 할 수 있다.

이렇게 모둠장이 자신의 팀의 일반 채널에서 팀즈 화상 모임방을 개설하면 교사 화면에는 개설된 화상 모임 방의 개수만큼 카메라가 생성된다. 따라서 교사는 각 모둠별 화상 모임에 두루 참가하면서 피드백을 할 수 있다.

PART 3

온라인 수업 실천 사례
_ 중학교

1. 정보 :
따로 또 같이, 개별 과제 수행과
협업을 통한 보고서 작성 수업

하나의 슬라이드를 공유해 1개의 발표 자료 만들기

원격 수업을 위해 2학년 학생들에게 작년부터 사용하던 지스위트 계정을 활용해 구글 클래스룸으로 수업을 진행한다고 전달했다. 구글 클래스룸은 이미 사용하고 있었기 때문에 사용법에 대한 설명은 생략할 수 있었다. 문제는 처음 사용해보는 화상 회의 도구였는데, 구글 지스위트에 있는 구글 미트를 사용하기로 했다. 학생들에게 구글 클래스룸과 구글 미트 어플을 스마트폰에 설치하라고 안내했고, 곧바로 학생들과 테스트를 진행했다.

원격 수업 초반에는 구글 클래스룸에 미트 연결 기능이 없었기 때문에 수업 참여 시간을 학생들에게 쉽게 알려주기 위해 다음과 같이 구글 캘린더에서 화상 회의에 초대했다.

학생들과 함께 공부해야 할 내용은 '문제 해결과 프로그래밍'이었다. 준비해야 할 수업의 단원과 차시 계획은 아래와 같았다.

📋 교과 및 단원 - - - - - - - - - - - - -

교과 정보(2학년)
단원명 1. 문제를 어떤 순서로 해결할까?
단원 주제 문제의 현재 상태와 목표 상태를 정의할 수 있다.

📋 차시 수업 계획 - - - - - - - - - - - - -

단원	차시	수업 내용 및 활동
중단원 도입 활동	1	단원 활동 및 학습 계획
1-1. 문제를 어떤 순서로 해결할까?	2~3	- 문제와 문제 해결의 개념 - 컴퓨터를 이용한 문제 해결 과정과 도구 활용법

1-2. 문제 해결에 필요한 핵심 요소는 무엇일까?	4~5	– 핵심 요소 추출하기 – 핵심 요소 추출 과정
2-1. 문제를 어떻게 나누어야 해결하기 쉬울까?	6~7	– 문제 나누기 – 문제 나누기 방법
2-2. 작은 문제 간에 패턴을 찾아볼까?	8~10	– 패턴 찾기 – 패턴 찾는 방법
협력적 문제 해결 활동	11	– 개념 정리 및 평가하기 – 가짜 금화를 찾아라(문제 해결 과제)

수업이 시작되었다. 간단한 인사와 함께 먼저 구글 클래스룸 과제로 출석 체크용 구글 설문지를 작성하도록 했다. 첫 수업은 온라인 수업에서 학생들의 참여도를 보기 위해 협업 문서 만들기 활동을 했다. 학생들에게 제공할 파일은 미리 구글 드라이브에서 '프레젠테이션' 도구를 활용해 작성해두고 구글 클래스룸의 수업 만들기 – 과제에서 ②추가 – Google드라이브를 선택해 연결해주었다. 협업 문서이므로 ③'학생에게 수정 권한 제공'을 선택해서 하나의 파일을 여러 명의 학생이 공동으로 작업하도록 설정했다.

협업 문서로 수업을 진행하게 되면 교사와 학생이 같은 문서를 보면서 활동을 하기 때문에 즉각적인 피드백을 할 수 있다. 특히 프레젠테이션의 '②바둑판 보기'를 눌러 학생들의 작성 과정을 실시간으로 관찰했다(①은 여러 슬라이드 보기). 도움이 필요한 학생들에게는 '③댓글 달기' 기능을 이용해서 학생들에게 즉각적인 피드백을 해주었다.

수업 시간에 학생들은 프레젠테이션의 텍스트 입력하기, 웹에서 검색한 이미지 삽입하기, 해당 주제에 맞는 동영상 넣기를 수행했다. 학생들은 구글 미트에 접속한 상태여서 과제를 하면서도 질문이 있을 때는 마이크를 켜고 질문할 수 있게 했다. 보통은 주변의 소음으로 수업을 방해하지 않기 위해 마이크를 끈 상태로 수업에 참여하게 했으며, 질문이 있을 경우 채팅창 등을 통해 질문 있음을 표시하고 발언권을 얻어 질문하거나 채팅창으로 질문하고 교사가 답하는 형태로 수업을 진행했다. 구글 프레젠테이션은 다른 교과에서도 모둠 활동이나 발표 자료 만들기 활동에 사용하기에 유용한 도구이므로 좀더 적극적으로 수업에 참여해 보고서를 작성하도록 독려했다. 중간 중간 진행 상황을 보면서 댓글을 달아주면 학생들이 댓글에 답글을 달거나 내용을 수정하면서 과제를 완성하는 것이 눈에 보였다. 다른 학생의 슬라이드에는 입력하지 말아야 하므로 학생들은 서로 댓글을 달아주면서 소통하기도 했다.

정리 활동으로는 완성된 보고서를 발표했다. 본인의 슬라이드를 선택해 '프레젠테이션 보기'로 발표했는데 구글 미트의 '발표 시작'을 눌러 학생들도 자료를 공유하며 발표했다. 이때 나머지 학생들은 마이크를 켜도록 해 질문도 하고 발표 마지막에는 박수도 치면서 와 자지껄한 교실 분위기를 연출해 대면 수업처럼 느끼게 했다. 발표를 시작한 사람이 '공유 중지'를 눌러줘야 다른 사람이 발표할 수 있도록 미리 약속을 정해서 다음 차례인 학생을 위해 '공유 중지 눌러!'라고 서로 이야기해주면서 재미있게 발표를 했다.

수업에 적용된 Tool

구글 클래스룸

이름대로 교사의 수업 활동을 쉽고 간편하게 관리해주는 도구로, 교실에서 행해지는 모든 수업 활동을 가상의 공간에서 이행할 수 있다. 인터넷 공간에 내 교실을 만들어보자.

①점 9개(바둑판) 메뉴의 지스위트 중 ②클래스룸을 선택한다. 역할 선택 화면이 뜨는데, ③교사를 선택해야 ⑤'수업 만들기' 메뉴가 보인다. '수업 이름'을 지정하고, 만들기를 누르면 교실 생성은 끝난다. 교사가 생성한 클래스는 스트림/수업/사용자/성적 4가지 탭으로 구성되어 있어 수업을 운영할 수 있다.

교사가 학생을 선택하게 되면, '수업 참여하기' 메뉴만 뜨기 때문에 계정 관리자에게 교사로 재지정해달라고 요청해야 하는 상황이 생기므로, 신중하게 선택해야 한다. 학생을 선택한 교사는 관리－그룹스에서 클래스룸 선생님 그룹에 추가해주어야 다시 만들기 메뉴를 사용할 수 있다.

이때, 생성한 클래스의 설정은 ⑧톱니바퀴 아이콘에서 설정할 수 있다. 학생들의 ⑨스트림 접근 권한도 여기에서 설정할 수 있다.

스트림의 본연의 역할을 생각했을 때, '선생님만 글을 쓰고 댓글을 달 수 있다'로 설정하는 것이 좋으나, 쌍방향 소통의 창구로 사용하기 위해서는 '학생은 댓글만 달 수 있다'로 설정하는 것을 추천한다. 학생이 글을 쓸 수 있게 되는 순간, 스트림은 학생들의 아무 말 대잔치로 도배될 가능성이 크다. 클래스룸에서 바로 미트를 연결할 수 있는 기능도 여기에서 설정한다. ⑩번 행아웃 미팅 링크 생성을 누르면, 해당 클래스에 연결된 미트의 주소가 생성된다. 좋은 점은 교사가 입장한 후에 학생들이 입장할 수 있으며, 교사가 문을 닫고 나간 후에는 학생들이 다시 입장할 수 없어서 학교에서의 임장지도(臨場

指導)의 개념이 구현된 것으로 보인다. ⑪저장 버튼을 누르면 수업을 위한 교실의 기본 설정이 끝난다.

이제 교실로 학생들을 불러보자. ①사용자 탭에서 학생 ②추가 버튼을 눌러 ③초대할 학생의 아이디를 입력해 추가한다. 학생의 클래스룸 앱으로 들어가 보면 교사가 만든 교실이 나타나고 ④'참여하기'를 누르면 교실에 입장할 수 있다.

학생의 교실 문에는 초대한 교사의 프로필 사진이 동그랗게 표시되므로 쉽게 구분할 수 있다. 구글의 학교 계정을 사용하는 경우, 프로필 사진을 변경하지 못하게 하는 설정이 기본값이므로, 프로필 사진을 변경하고 싶을 때는 관리자가 '관리' 메뉴의 디렉토리 설정에서 '변경 가능'으로 재설정을 해줘야 한다는 점에 유의하자.

교실에 학생들이 입장했으니 수업을 시작해보자. 간단한 공지사항은 '스트림'에 입력하면 된다. 간단하다고는 하지만, 파일 연결, 링크, 동영상까지 다 탑재할 수 있다.

실제 수업은 '수업' 탭에서 이루어진다. 클래스룸의 수업에서 '과제를 만든다'라는 개념은 교사와 학생 간에 무언가를 주고받을 수 있는 창구를 열어준다는 의미로 볼 수 있다.

수업 – 만들기에서 과제 형태에 따라 수업을 만들 수 있는데 보통은 ③'과제'를 선택해 다양한 형태의 ⑥수업 자료를 제공하고 받을 수 있다.

⑬과제 만들기로 마무리하기 전에 설정할 부분들이 많은데, 다른 항목들은 재설정(수정)이 가능하지만 ⑧자료에 대한 학생의 권한 설정 부분은 수정이 되지 않으므로 처음부터 신중하게 선택하는 것이 좋다. 또한 클래스룸에서 평가를 하기 위해서 ⑨점수를 부여하는 기능이 있는데, 점수 입력 시, 학생들에게 정확한 값과 평가 기준을 제공하기 위해 ⑫기준표를 넣어줄 수도 있다. 즉, 과제를 만들 때는 ⑨~⑫의 항목은 필수 항목이 아니므로, ⑧에서 ⑬으로 바로 넘어가도 무방하다.

수업 시간에 다 못 할 경우, ⑩기한을 정해주어서 클래스룸 알림에 '기한 내 제출할 과제가 있음'을 표시할 수 있다. 수정 권한으로 제공한 과제의 경우 '제출'의 개념보다는 '완료'의 개념이므로 기한을 정하는 것이 의미가 없을 수 있으나, '사본 제공' 권한으로 부여한 과제는 기한 이후에 제출한 과제에 대해 '늦게 제출함'이라는 표시가 붙는다. 특히, 수업 중에 사용한 과제를 제출하는 것으로 출석 체크를 하는 등 시간 개념이 중요한 요소를 차지할 때 사용하면 좋은 기능으로, '시간 체크를 할 수 있나?' 하는 동료 교사들의 질문에 좋은 답을 줄 수 있다.

이제 과제를 부여받은 학생 입장에서 클래스룸을 살펴보자. 과제가 생성되면, 학생들은 ①스트림에서 ②게시물 있음을 확인할 수 있고, ③수업에서 바로 과제를 열어볼 수 있다.

④주어진 학습지를 작성한 후, ⑤제출을 누르면 학생의 역할은 끝난다. 간혹 '제출' 버튼을 미리 눌러버린 학생들이 "학습지를 클릭해도 안 써져요"라고 하는데, 무의식중에 '제출' 버튼을 부지런히 눌러버리는 경우이다. 제출 버튼을 누르고 수업에 참여하는 학생 같은 경우는 '안 써진다'라는 말을 많이 하는데, 열의 아홉은 '제출' 버튼 자리에 '제출 취소' 버튼이 버젓이 자리 잡고 있다. 당황하지 말고, '제출 취소'를 누르면 다시 과제물을 회수해 재작성할 수 있다고 안내하거나, 교사가 '과제 보기' 화면에서 '돌려주기'를 해주면 된다.

학생이 제출한 자료는 교사의 '수업' 탭에서 해당 과제의 '과제 보기' 화면에서 볼 수 있는데, 학생들의 자료가 한 화면에 다 모여 있어 클릭만으로 학생들의 자료를 살펴볼 수 있다. ⑥학생의 자료를 클릭해 학생의 문서에서 '댓글 달기'와 ⑦점수를 입력해줄 수 있고, 전체 화면에서 ⑨학생의 이름을 클릭해서 '비공개 댓글'과 ⑦점수를 선택하고 ⑩돌려주기를 할 수도 있다. 돌려주기를 하면 학생들은 본인의 ⑪점수를 확인하고 교사의 피드백에 대한 ⑫답을 작성할 수 있다.

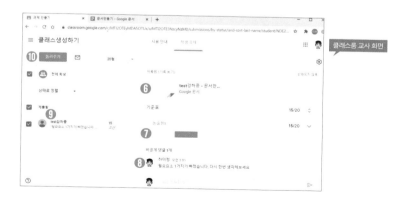

스마트폰의 클래스룸 앱을 이용해 수업 과제물 제출하기

이번에 수업할 내용은 해결할 문제를 분해한 이후 분해된 작은 문제들 사이에 패턴을 찾는 방법에 대해서 알아보는 것이었다. 차시 계획은 다음과 같았다.

📋 교과 및 단원 - - - - - - - - - - - - -

교과 정보(2학년)
단원명 2. 작은 문제 간에 패턴을 찾아볼까?
단원 주제 문제를 해결 가능한 여러 개의 작은 문제로 나누어서 표현할 수 있다.

📄 차시 수업 계획 ------------

단원	차시	수업 내용 및 활동
중단원 도입 활동	1	- 단원 활동 및 학습 계획
1-1. 문제를 어떤 순서로 해결할까?	2~3	- 문제와 문제 해결의 개념 - 컴퓨터를 이용한 문제 해결 과정과 도구 활용법
1-2. 문제 해결에 필요한 핵심 요소는 무엇일까?	4~5	- 핵심 요소 추출하기 - 핵심 요소 추출 과정
2-1. 문제를 어떻게 나누어야 해결하기 쉬울까?	6~7	- 문제 나누기 - 문제 나누기 방법
2-2. 작은 문제 간에 패턴을 찾아볼까?	8~10	- 패턴 찾기 - 패턴 찾는 방법
협력적 문제 해결 활동	11	- 개념 정리 및 평가하기 - 가짜 금화를 찾아라(문제 해결 과제)

패턴을 찾는 방법에 대해서 어떻게 온라인 수업을 진행할지 고민하는 과정에서 자연스럽게 다른 교사들과 다양한 온라인 수업 에피소드에 대해서 이야기하게 되었다. 구글 미트를 통한 화상 수업이 모든 교과에서 진행되면서 디지털 기기를 다루는 것에 익숙하지 않은 학생들은 버거움을 느낀다는 의견도 있었고 모니터로 책을 보는 것을 힘들어하는 학생들도 있다는 의견이 많았다. 아무래 직접 손으로 만지고 쓰는 조작 활동이 이루어지면 좋겠다는 쪽으로 의견이 모아졌다. 그래서 학생들이 가지고 있는 교과서나 공책을 사용할 수 있도록 하고 제출한 결과물을 보고 피드백을 주는 방식도 적극 활용해

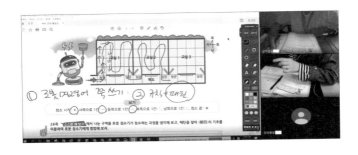

보기로 했다. 그래서 이번 화상 수업에서는 교과서 단원을 설명한 후 학생들에게 교과서의 '스스로 해보기' 문제를 풀도록 했다. 먼저 교과서 PDF 파일과 아이캔스크린(ICanScreen) 프로그램을 이용해 수업 내용을 학생들에게 설명했다.

과제는 스마트폰으로 교과서의 문제 풀이 사진을 찍고 스마트폰의 구글 클래스룸 어플에서 바로 제출하도록 했다. 스마트폰의 구글 클래스룸 앱은 크롬의 구글 클래스룸보다 제출할 수 있는 자료의 종류가 더 많아 활용하기에 좋았다. 구글 클래스룸에서의 '추가' 메뉴와 스마트폰 구글 클래스룸 앱의 '추가' 메뉴의 차이점은 다음 그림과 같다.

학습 분위기를 조성하기 위해 교과서 문제 해결 활동 내용이 구글 미트에 나오도록 세팅하고 친구들이 공부하는 모습을 볼 수 있게 했다. 학생들은 같이 공부하는 느낌이 들어서 좋았다는 긍정적인 피드백을 주었다. 질문이 있는 학생은 교과서를 카메라에 대고 잘하고 있는지 점검을 받기도 했다. 또 공부할 때 들으면 좋은 음악을 선정해서 배경음악으로 들려주었다. 학생들은 대면 수업에서는 할 수 없는 온라인 수업만의 장점인 것 같다고 이야기해주었다. 수업은 구글 미트와 채팅을 활용한 질의응답 활동을 끝으로 마무리했다. 정답이 정해지지 않은 문제를 해결해야 하는 활동이어서 질문이 많았다. 과제를 마친 학생들에게는 스마트폰으로 사진을 찍고 스마트폰에 설치된 구글 클래스룸 앱을 이용해 과제를 제출하게 했다.

제출한 파일은 구글 클래스룸 폴더에 자동 저장된다. 수업이 끝난 뒤 이를 다시 한 번 점검하고, 부족한 부분들에 대해서는 다음 수업 시간에 다시 피드백을 해주었다.

학습지 없이 학생들이 작성한 문서나 공책에 적은 문제 풀이를 사진 파일로 받고 싶다면 학습지 없이 과제만 생성해주면 된다. 아래와 같이 과제만 생성하면 학생은 제출 버튼이 보이지 않으므로 '추가 또는 생성' 버튼을 눌러 제출할 파일을 선택한다. 그러면 '완료' 버튼이 '제출' 버튼으로 변경되는 것을 볼 수 있다.

온라인 수업의 모든 것

수업에 적용된 Tool

아이캔스크린

아이캔스크린은 아이캔노트(ICanNote)와 함
께 제작, 배포된 프로그램으로, 이미지나 PDF
파일을 하나의 슬라이드로 인식하고 판서하는
아이캔노트와 달리 모니터 전체를 칠판처럼 판
서할 수 있는 프로그램이라고 생각하면 된다. 모
니터가 칠판이므로, 모니터에 실행되어 있는 프로그램들은 배경으로
처리되기 때문에 동영상이 재생되고 있어도 그 위에 판서가 가능하다.

아이캔스크린은 무료로 배포된 프로그램이므로, 공식 카페에서
다운받아 설치하고 매뉴얼을 받을 수 있다.

1. 공식 카페 주소 : https://cafe.naver.com/icannote/1471

2. 카페 가입을 하지 않아도 다운받을 수 있다.

3. 카페의 메뉴에서 '아이캔스크린'을 선택하고 메뉴에서 설치 파일을
다운받아 설치한다.

설치하고 나면, 모니터에 녹색 사각형이 생기고 'OK' 버튼이 생성
되는데 판서하는 영역을 지정하는 과정이다. 'OK' 버튼을 누르면 모
니터 화면에 회색빛 막이 올려져 있는 효과가 생긴다. 아이캔스크린

메뉴 바의 '시작'과 '중지' 토글 키를 눌러서 마우스를 변경하며 사용할 수 있다. 아이캔노트와 같은 경우 PDF나 파워포인트와 같은 정형화된 자료를 탑재한 후 판서하는 형태이지만, 아이캔스크린은 자료에 국한되지 않으므로 다른 프로그램들을 함께 사용해서 수업을 진행하는 교과에서 더 유용하게 사용될 것으로 보인다. 카페에 사용법 동영상 등 매뉴얼이 제공되어 있으며 도구의 모양이 직관적이어서 쉽게 사용할 수 있다. 자연스러운 수업 진행을 위해서 단축키 설정 등은 외워두는 것이 좋다.

아이캔노트처럼 판서하는 내용을 녹화할 수 있어 수업 동영상 제작도 가능하며, 녹화 범위를 지정할 수 있어 모니터 위의 특정 부분을 지정해 판서하는 과정을 녹화할 수 있다.

구글 미트와 연동하여 수업을 할 때 공유한 수업 자료에 판서를 해야 할 경우, 구글 미트의 '발표하기'의 3가지 버전 중에서 '내 전체화면'을 선택해야 아이캔스크린으로 판서한 내용이 학생들에게 전송

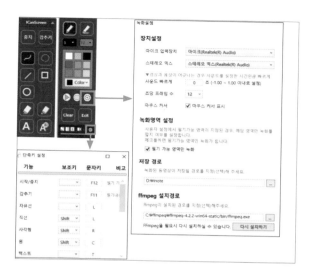

되어 공유되므로 주의가 필요하다. 내 화면에서는 판서가 되지만 전
송이 되지 않아 학생들이 나중에서야 얘기해주는 경우가 있다.

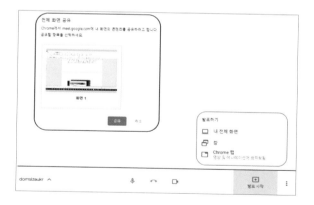

구글 미트를 이용해 실시간 화상 수업을 하는 동안 교과서 PDF 파일에 판서하는 내용을 공유하는 모습은 다음과 같다. '내 전체 화면'을 공유하면 아이캔스크린의 도구 팔레트가 화면에 같이 보이는 부분은 감수해야 한다. 듀얼 모니터를 사용할 수 있다면 도구를 옆 모니터로 빼두고 깔끔하게 진행할 수 있다.

구글 문서를 활용한 개별 학습지 제출하기

2~3학년 학생들은 작년부터 구글 도구를 사용했기 때문에 온라인 수업에도 빨리 적응했다. 문제는 1학년, 이들에게는 기본적인 구글 도구 사용법을 알려줘야 했다. 구글 미트를 활용해 기본적인 화상 수업 기능에 대해서 설명해주었다. 그러나 우려했던 것과는 달리 아이들은 디지털 네이티브답게 능숙하게 디지털 기기와 온라인 플랫

폼을 사용했다. 특히 1학년은 2~3학년 학생들과는 다르게 화면으로 얼굴을 보며 이름을 불러주는 것을 매우 좋아했다. 이제 본격적으로 수업을 진행해야 했다. 이번 온라인 수업은 '소프트웨어의 역할과 가치'에 대한 내용이었다. 차시 계획은 다음과 같았다.

📑 교과 및 단원 - - - - - - - - - - - - -

교과 정보(1학년)
단원명 2.소프트웨어의 역할과 가치
단원 주제 주변에서 활용되는 소프트웨어의 역할을 설명할 수 있다.

📑 차시 수업 계획 - - - - - - - - - - - - -

단원	차시	수업 내용 및 활동
중단원 도입 활동	1~2	– 구글 활용법
1. 정보 기술의 발달	3	– 정보 기술의 발달에 따른 사회 변화 및 직업 변화 – 정보 기술의 활용 사례
2. 소프트웨어의 역할과 가치	4	– 소프트웨어의 역할 – 소프트웨어의 사용 예
3. 개인 정보 보호	5	– 개인 정보의 뜻 – 개인 정보를 보호하는 방법
4. 저작권 보호	6	– 저작권의 개념 – 디지털 저작물을 올바르게 사용하는 방법
5. 사이버 윤리	7	– 사이버 윤리의 필요성 – 인터넷 중독 예방 방법
중단원 마무리	8	– 개념 정리 – 정보 윤리 보고서 작성

1학년 학생들의 동기 유발을 위해 동영상과 구글 문서로 만든 학습지를 제공한 뒤, 학습지의 빈칸을 채워 완성한 후에 제출하도록 했다. 구글 미트에서 다 같이 동영상을 보기 위해 동영상 자료를 공유했더니 끊김 현상이 있어서 학생들에게 5분 정도 시간을 주고 동영상 시청을 하고 완료 후 응답하게 했다. 개별적으로 영상을 본 후 본인의 생각을 돌아가며 말하면서 실시간 출석 체크도 하고 학생들의 이해도도 점검했다. 그리고 함께 학습지를 작성하고 학생들의 진행 과정을 보면서 피드백을 했다.

과제에 할당된 학습지를 작성할 때는 학생들의 학습지를 열어보면서 댓글을 이용해 피드백을 해주었는데 학생들은 비공개 댓글을 이용해 질문하는 경우가 많았다. '새로 고침'을 하지 않아도 학생들의 댓글이 실시간으로 표시되기 때문에 다음 그림과 같이 실시간으로 피드백을 줄 수 있어서 수업 시간 안에 완성된 학습지를 받을 수 있었다.

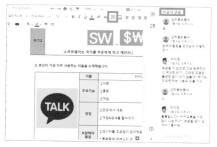

모둠별 발표 자료 제작

1단원이 끝날 무렵 1학년 학생들은 구글 도구를 어느 정도는 익숙하게 사용할 수 있게 되었다. 수업해야 할 내용도 중단원의 마무리로 '정보 윤리 보고서'를 작성하는 활동이었다. 그래서 모둠별 학습 활동을 온라인 수업에 적용하기로 했다.

📋 교과 및 단원 - - - - - - - - - - - -

교과 정보(1학년)
단원명 2. 정보 윤리
단원 주제 개인 정보 보호와 저작권 보호의 중요성을 설명할 수 있다.

📑 차시 수업 계획 - - - - - - - - - - - -

단원	차시	수업 내용 및 활동
중단원 도입 활동	1~2	– 구글 활용법
1. 정보 기술의 발달	3	– 정보 기술의 발달에 따른 사회 변화 및 직업 변화 – 정보 기술의 활용 사례
2. 소프트웨어의 역할과 가치	4	– 소프트웨어의 역할 – 소프트웨어의 사용 예
3. 개인 정보 보호	5	– 개인 정보의 뜻 – 개인 정보를 보호하는 방법
4. 저작권 보호	6	– 저작권의 개념 – 디지털 저작물을 올바르게 사용하는 방법
5. 사이버 윤리	7	– 사이버 윤리의 필요성 – 인터넷 중독 예방 방법
중단원 마무리	8	– 개념 정리 – 정보 윤리 보고서 작성

우선 모둠을 구성한 후 모둠별로 과제를 부여했다. 모둠 구성원 수는 4명으로 정하고 구글 드라이브에 모둠별로 제공할 슬라이드를 만들었다. 마지막으로 구글 클래스룸 과제를 모둠별 해당 학생에게 할당할 수 있도록 지정하고 구글 드라이브에 만들어놓은 모둠별 구글 슬라이드에는 '수정 권한'을 제공했다. 모둠별 화상 회의도 할 수 있도록 회의 코드를 만들고 링크를 제공해주었다.

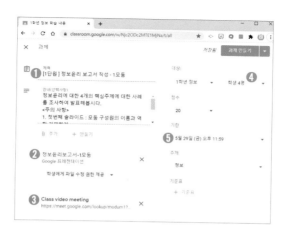

　모둠을 구별할 수 있는 ①제목을 넣고, ②모둠별 슬라이드와 ③모둠별 미트 회의 코드를 생성해 연결해주었다. 이때, 대상의 ④아래 화살표(▼)를 눌러 모둠에 해당하는 학생만 선택해주었다. 특정 학생만 선택하면 학생들은 본인이 포함된 슬라이드만 볼 수 있으니 헷갈리지 않고 과제에 참여할 수 있다. 모둠별 과제를 제시하면 교사는 모든 모둠의 과제를 확인할 수 있으나 학생은 다음과 같이 본인이 포함된 과제만 볼 수 있다.

정보		⋮
📄 [1단원] 정보윤리 보고서 작성 - 1모둠		기한: 5월 29일 오후 11:59
📄 [1단원] 정보윤리 보고서 작성 - 2모둠		기한: 5월 29일 오후 11:59

교사 화면

학생 화면

학생들이 모둠별로 협업 과제를 수행하는 동안 모든 모둠의 창을 선택해 화면에 띄우고 해당 모둠에 필요한 피드백을 해주었다. 3개의 모둠을 만들어 회의를 진행하도록 했더니 시작할 때는 학생들의 오디오 압박이 심했으나 곧 슬라이드 제작과 채팅으로 오디오가 잠잠해졌다. 이때 크롬의 탭을 구분해 소리를 끌 수 있는 확장 프로그램을 사용해 다른 모둠에 방해받지 않고 특정 모둠 활동에 집중할 수 있었다. 온라인 수업에서 모둠 활동은 처음이었지만 나름 성공적이었다. 학생들도 생각보다 수업에 잘 참여했고 긍정적인 피드백을 주어서 교사로서도 보람 있었다.

2. 국어와 정보 :
구글 클래스룸을 이용한
온라인 토론 수업

시간이 지나면서 온라인 수업도 잘 정착되었다. 특히 온라인 수업에서 모둠 활동은 매우 효과적이었다. 다른 교과 수업에도 적용하면 좋겠다고 생각하던 중 경남 지역에서 국어 교과를 담당하는 교사의 연락을 받게 되었다. 올해 중학교 3학년 학생들을 가르치는 분이었는데 교과 교육 과정의 전반적인 내용이 '토론'이어서 매우 난감해하고 있었다. 경남의 국어 교사가 가르쳐야 하는 내용은 다음과 같았다.

📝 교과 및 단원 - - - - - - - - - - - - -

교과 국어(3학년)
단원명 2. 읽고 토론하기
단원 주제 글에 나타난 정보와 독자의 배경 지식을 활용해 내용의 타당성을 판단하며 읽는다.

📋 차시 수업 계획 - - - - - - - - - - - -

차시	수업 내용 및 활동
1	– 책 읽으며 핵심 단어 찾기
2	– 핵심 단어 나눔, 질문 만들기 – 사실 질문, 의도 파악, 비판, 성찰 질문
3	– 질문 나누기 – 질문 중 하나를 선택해 자기 생각을 적고 공유하기
4~5	– 논제 정하고 논리적 글쓰기
6~7	– 토론하기(회전목마 토론) – 토론하기(포럼식 토론)
8	– 논술 글쓰기

모둠 수업은 고사하고 마스크를 쓰고 말을 많이 하는 것도 금하는 상황에서 토론 단원을 앞두고 이론적인 전달 수업만이 답인가, 다른 방안이 없을까에 대해 고민하던 중 전화를 걸어온 것이었다. 당장 필요한 것은 접촉을 최소화하고 말을 하지 않으면서 모둠별로 의견을 모아 최종 결론을 발표 자료로 만들어내는 것이었다. 포스트잇을 쓸 것인가, 스마트폰이 있으니까 카카오톡 단체 톡방을 만들어보면 어떨까? 이것저것 여러 아이디어가 오갔다. 그러다 교실에서 와이파이를 사용할 수 있고 태블릿PC를 이용해서 수업을 했다는 이야기에 구글 클래스룸의 모둠 수업 방법을 소개했다. 학생들은 교실에 모여 있으나 교실에 없는 것처럼 인터넷상에서 만나면 되는 것이었다. 이렇게 해서 경남의 교사와 함께 국어 수업을 설계하기 시작했다.

국어과 수업나눔 지도안

일시	7월 15일(수) 4교시	장소	3학년 1반 교실	수업자	하○○
교과	국어	대상	3학년 1반	차시	3차시
단원		2. 읽고 토론하기 - 한 학기 한 책 읽기 도서 '로봇 시대, 인간의 일' 3챕터 「지식이 공유되는 사회, 대학에 가지 않아도 될까」			
성취 기준	[9국01-05] 토론에서 타당한 근거를 들어 논박한다. [9국01-09] 설득 전략을 비판적으로 분석하며 듣는다. [9국01-09] 설득 전략을 비판적으로 분석하며 듣는다. [9국01-10] 내용의 타당성을 판단하며 듣는다. [9국03-04] 주장하는 내용에 맞게 타당한 근거를 들어 글을 쓴다. [9국02-01] 읽기는 글에 나타난 정보와 독자의 배경지식을 활용하여 문제를 해결하는 과정임을 이해하고 글을 읽는다. [9국03-01] 쓰기는 주제, 목적, 독자, 매체 등을 고려한 문제 해결 과정임을 이해하고 글을 쓴다. [9국03-05] 다양한 자료에서 내용을 선정하여 통일성을 갖춘 글을 쓴다.				
단원 구성	1차시: 책 읽으며 핵심 단어 찾기 2차시: 핵심 단어 나눔, 질문 만들기(사실질문, 의도 파악, 비판, 성찰 질문) **3차시: 질문 나누기, 질문 중 하나 선택하여 자기 생각 적고 공유하기** 4,5차시: 논제 정하고 논리적 글쓰기 6,7차시: 토론하기(회전목마 토론), 토론하기(포럼식 토론) 8차시: 논술 글쓰기				

수업 흐름	1. 질문 나누기: **멘티미터 활용**
	  ① 전 시간에 자신이 만든 질문 중 가장 좋은 질문 선택하기
	  ② 옆의 짝과 서로 질문 비교하고 그 중 하나 선택하기
	  ③ 선택한 질문을 멘티미터로 보내기
	2. 질문 중 하나 선택하여 '**구글 프레젠테이션**'에 자기 생각 적기
	  ① '구글 클래스룸'에 수업 코드 입력해서 3-1반 클래스에 들어가기
	  ② 자기 모둠에 들어가 연계된 '구글 프레젠테이션'에 자기 생각 적기
	3. 각 모둠끼리 서로의 생각에 댓글 달아주며 의견 나누기
	  ① 모둠원이 쓴 글을 보며 댓글 달기:좋은 의견 칭찬하기, 질문하기
	  ② 자신에게 온 댓글에 답글 달기 : 질문에 답 달기
	4. 전체 공유하기				

바이러스 걱정 없는 온라인 공간. 깜짝 놀랄 정도로 컴맹인 경남의 국어 교사와 함께 구글 드라이브에서 모둠별 슬라이드를 제작하고 구글 클래스룸에 연결하는 것까지 기본 세팅을 시작했다. 화면 공유를 위해서 구글 미트를 이용해서 화상 회의도 진행하면서 구글 도구 사용법도 겸해서 알려주었다. 문제는 이 학교에는 지스위트가 구축되어 있지 않아서 교사와 학생 모두 개인 계정을 이용해야 했다는 점이다. 하지만 아이들의 이메일 정보를 수집할 수 없었다. 그래서 직접 초대가 아닌 교사가 개설한 구글 클래스룸의 '수업 코드'를 이

용해서 구글 클래스룸으로 참여하는 방법을 사용했다. 그리고 영어와 숫자로 이루어진 '수업 코드'를 입력하는 것이 어려울 수 있으므로 구글 클래스룸의 주소를 QR코드로 만들어 화면에 띄워 제공하는 방식을 권했다. 원격 수업이 아닌 학생들이 교실에 모여 있는 상황이므로 교실에서 학생들이 본인의 스마트폰으로 교사가 화면에 띄워 준 QR코드를 찍어서 클래스에 참여하도록 했다.

구글 클래스룸에 다 모이게 되면 모둠별로 슬라이드를 작성하며 모둠원들이 '댓글 달기'를 통해 의견을 주고받는다. 경남의 교사와 함께 수업 자료와 결과물을 받아 보았다. 모둠원들이 '댓글 달기'를 통해서 주고받는 의견들이 꽤 진지하고 수준이 높았다. 학생들은 교실에서 조용히 손가락으로 토론 수업에 참여했다.

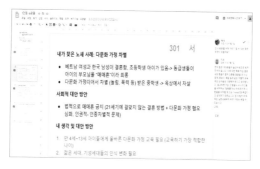

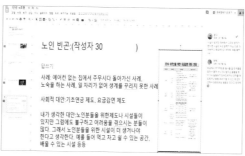

의견을 주고받고 수렴한 결론으로 발표까지 마무리하고 생각 정리를 위한 개별 학습지를 작성해 제출했다.

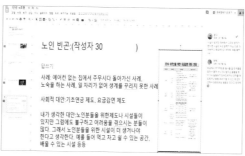

마지막으로 논술 수행평가까지 작성했다.

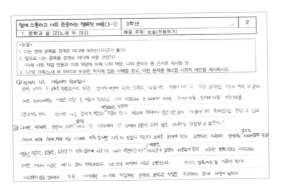

　　원격 수업으로도 충분히 진행이 가능하고 정상적인 교실이라고
볼 수 없는 현재 교실 수업에서도 인터넷에 접근 가능한 디바이스만
있으면 가능한 수업 형태라고 생각했다. 이 수업을 위해 경남의 국어
교사는 학교에 와이파이 공유기 구입을 요청하고 학교에 비치된 태
블릿PC를 수업 시간마다 가지고 다니면서 스마트폰이 없는 학생들
에게 지급했다. 몇몇 학생들은 개인 태블릿PC를 가지고 오는 열성과
본인의 데이터를 아낌없이 핫스팟해 공유하는 배려를 했다고 하니,
열심히 하는 교사에 맞춤인 학생들이 엮어낸 좋은 수업이었다. 학생
들의 의견이 없어지지 않고 자료로 남아 발표 자료로까지 이어지는
과정을 경험한 경남 교사는 코로나가 아니었어도 사용하면 참 좋은
도구이며 학생들의 자료가 포트폴리오로 남는 장점이 있다고 의견을
주었다.

3. 영어와 정보 :
온라인 수업에 접목시킨
'거꾸로 교실'

    온라인 수업에 대한 협의가 이루어지며 어떤 플랫폼을 선택해야 할까 고민하던 때, 대화의 흐름은 자연스럽게 평소 자신의 수업 스타일에 대한 이야기로 흘러갔다. 그중 새로 부임한 영어 교과 정 선생님은 평소 '플립 러닝(Flipped Learning)'이라고 알려진 '거꾸로 교실' 수업을 설계해왔던 터라 이걸 어떻게 하면 온라인 수업에 활용할 수 있을지 고민하고 있다고 했다.

    교사가 수업 내용을 담은 짧은 디딤 영상(10분 이내의 동영상)을 미리 제작해 제공하여 학생이 수업 전에 미리 영상을 보고 수업에 참여하도록 해, 핵심 내용을 파악한 학생들의 다양한 활동을 이끌어낼 수 있는 거꾸로 교실은 온라인 수업에 접목시키기에 매우 좋은 운영 방식이었다. 문제는 동영상을 어떤 방식으로 제공할지, 영상을 본 이후에 교실에 없는 학생들의 활동에 어떻게 피드백을 줄 수 있을지에 대한 정보가 전혀 없는 상황이었다.

일반적으로는 거꾸로 교실의 플랫폼인 '미래교실네트워크(http://futureclassnet.org)'에 자료를 탑재하고 학생들을 가입시키는 방식을 써야 하므로 학생들에게 너무 많은 플랫폼을 제공해 혼란을 줄 수 있었다. 게다가 디딤 영상을 본 후, 교실이 아닌 온라인으로 수업을 해야 하는 상황에서 미래교실네트워크의 플랫폼은 부족한 점이 있었다.

이에 비해 구글 클래스룸 플랫폼은 디딤 영상 제공, 수업을 위한 학습지 제공 및 취합이 간단하고 학생들과의 화상 수업도 가능하므로 가장 적합한 플랫폼이라 생각했다. 그래서 영어 교과 교사와 함께 거꾸로 교실 수업을 위한 구글 클래스룸 세팅을 시작했다. 수업의 차시 계획은 다음과 같았다.

📋 교과 및 단원 - - - - - - - - - - - - -

교과 영어(2학년)
단원명 2. I Love My Town
단원주제 지역 공동체의 일원으로서 이웃과 소통하고 조화롭게 살아가는 방법에 대해 알아보고, 더 나은 공동체를 만들기 위해 어떤 노력을 할 수 있는지 생각해본다.

📋 차시 수업 계획 - - - - - - - - - - - - -

차시	수업 내용 및 활동
1~2	– Listen & Talk – 디딤 영상과 음원을 활용한 듣기 활동지 작성
3	– Vocabulary – 낱말 카드를 활용한 단어 공부 & Word Search
4	– Read 1~2
5	– Read 3~5
6	– 본문 문법 확인하기 – 학습지를 작성해 본문 내용 점검하기 – 설문지를 활용해 문법 이해 정도 확인하기
7	– 문법2 지각동사 – 수업 영상으로 학습 후, 학습지로 활동하기

디딤 영상은 기존에 사용하던 미래교실네트워크 플랫폼에 탑재하고, 자료의 URL을 복사했다.

그리고 구글 클래스룸의 과제에 링크를 연결해 학생들에게 제공하고 영상을 본 후의 활동을 구글 문서로 학습지를 만들어 제공했다. 학습지에 적용해야 하는 음원이나 영상은 바로 문서에 삽입 했다.

학습지에 대한 피드백은 '댓글 달기'와 '비공개 댓글'을 이용했다. 교사가 학생의 문서를 수정하면 학생의 문서에는 자동으로 '댓글'이 달리면서 학생이 교사의 의견을 수용할 것인지 선택하게 되어 있다. 때문에 학생이 스스로 고민과 선택이 가능한 피드백을 제공할 수 있다.

언어를 다루는 영어 교과이다 보니 활동 중에 '말하기' 활동이 빠질 수 없는데 기기의 녹음 기능을 이용해 목소리를 녹음하고 학습지를 제출할 때 추가해 제출하게 했다. 교무실에서 담당 교사와 하루에도 몇 번씩 대화하며 수업에 필요한 요소가 있을 때마다 '이런 게 필요한데 가능한가?'라는 질문을 많이 주고받았다. 수업 초반에는 구글 문서 작성법을 몰라서 한글 프로그램으로 만든 파일을 올려 학생들이 문서에 바로 입력하지 못하는 시행착오를 겪기도 했으나 이후에는 구글 문서를 이용해 문서에 디딤 영상으로 연결되는 링크를 삽입하고 이미지와 빈칸 채우기 등의 요소를 이용한 학습지를 제공했다. 구글 문서 한 장으로 학습이 끝까지 연결되도록 한 것이다.

영어 교과에서 단어 학습을 할 때 사용하는 'Word Search' 활동지는 구글 드로잉 도구에 활동 그림을 넣어서 학습지로 제공했다.

마우스를 이용해 학습지를 완성하고 제출한 모습은 다음과 같았다.

Word Search

Lesson 2

단어 공부는 퀴즐렛(https://quizlet.com)이라는 사이트를 이용해서 이미지와 뜻을 결합한 낱말 카드를 만들게 했다. 무료 버전은 사이트에서 제공하는 이미지만을 사용해야 하는 아쉬움이 있지만 요즘은 출판사에서 교과서에 맞는 퀴즐렛 파일을 제공하는 경우가 있어 활용할 수 있다. 퀴즐렛 낱말 카드나 혹은 디지털 교과서의 단어 카드에 설명을 곁들인 영상을 만들어 제공했을 때 학생들이 좀 더 쉽게 단어를 암기하는 모습을 관찰할 수 있었다. 단어 공부를 마친 후에는 깜깜이 받아쓰기를 하면서 체크했다.

영어 교과 교사와 함께 온라인 수업 설계를 하면서 다양한 시도를 하게 되었다. 영어 교과에서 본문 학습을 할 때 주로 사용하는 수업 기법 중 하나인 직소 리딩(Jigsaw Reading)은 모둠 수업을 할 때 많이 사용하는 집단 협동 학습 모형이다. 모둠원들이 각각 다른 영역을 맡아 자신의 영역을 충분히 학습한 후 다른 모둠원에게 설명하는 형태로, 모둠원 개개인의 역할이 중요한 수업 모형이다. 영어의 긴 본문을 교사 혼자 설명하는 것보다 훨씬 좋은 효과를 낼 수 있을 것 같아 온라인 수업에 적용해보기로 했다. 먼저 교사가 긴 영어 본문을 모둠원 수만큼 쪼개어 설명 영상을 따로 만든 후, 학생들이 자신이 맡은 파트의 영상을 보고 내용을 숙지해 발표할 수 있도록 했다. 그 후, 각자 다른 모둠원들에게 자신이 맡은 영역을 설명해 모둠원 전체가 본문 전체를 공부하게 되는 것이다. 교사가 사전 영상을 만들어 기획해야 하는 부분이 있지만 수업이 퍼즐이 맞춰지듯 학생들이 협력해 수업을 완성하는 학생 중심 수업이다. 이 수업을 진행하려면 모둠 수업이 가능해야 했는데 줌과 같은 소모임 기능은 없지만 구글 미트에서도 그룹별 화상 모임이 가능해서 함께 고민하며 준비했다.

구글 클래스룸에 초대된 학생들만 들어올 수 있도록 화상 회의 방을 만들었다. 이때 구글 클래스룸의 구글 미트 링크(/lookup/)의 형태를 활용하도록 했다. 링크의 마지막 부분(빨간색 글씨)만 영문자로 시작하는 이름을 넣어주면 모둠별 화상 회의 방이 만들어진다. 교사가 입장하지 않으면 학생들이 입장할 수 없도록 설정되어 있어서 안전했다.

1모둠 : https://meet.google.com/lookup/modum1

2모둠 : https://meet.google.com/lookup/modum2

3모둠 : https://meet.google.com/lookup/modum3

4모둠 : https://meet.google.com/lookup/modum4

직소 리딩 수업 영상을 공부해야 할 학생들에게 전달한 후 모둠별로 협업 문서와 함께 구글 미트 주소를 연결해주었다. 모둠원들이 섞이지 않고 자신의 모둠에서 활동하면서 협업 문서를 함께 작성해 제출할 수 있었다.

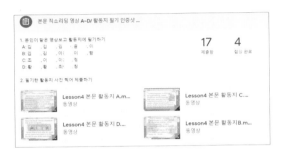

다음으로 교사는 모둠 활동을 하는 4개 모둠의 구글 미트 방에 입장해서 학생들이 들어올 수 있도록 하고 학생들의 활동 상황을 관찰하면서 피드백을 했다.

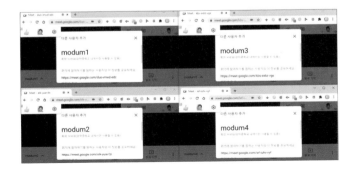

이때, 4개의 화상 채팅방이 동시에 열리므로 화면을 분할하고 탭마다 음 소거를 할 수 있는 크롬 확장 프로그램을 설치해 활용하도록 했다. 다음은 탭을 타일 형태로 분할해주는 프로그램이다.

다음은 특정 탭만 음 소거를 해주는 프로그램이다.

수업에 적용된 Tool

구글 미트에서 소그룹 만들기 확장 프로그램

구글 미트는 소그룹을 자동으로 생성하는 기능이 없어서 모둠별 수업을 위해서 회의 방 주소를 따로 만들어야 하는 번거로움이 있다. 이 프로그램은 클래스룸의 행아웃 미트로 들어온 학생들을 모둠별 소그룹 회의 방으로 나누는 확장 프로그램이다.

보통 확장 프로그램은 '크롬 웹스토어'에서 검색해서 크롬에 추가 버튼을 눌러주면 되는데 이 확장 프로그램은 '크롬 웹스토어'에서는 검색이 안 되고, '구글 검색'으로 breakout rooms 사이트로 가서 설치 버튼을 눌러주어야 한다.

개발 사이트로 들어가서 설치 버튼을 누르면 확장 프로그램 설치 창으로 연결된다.

확장프로그램을 클릭하면 관리자의 컨트롤 메뉴가 뜨는데 기본
세팅을 그림과 같이 순서대로 세팅해야 한다.

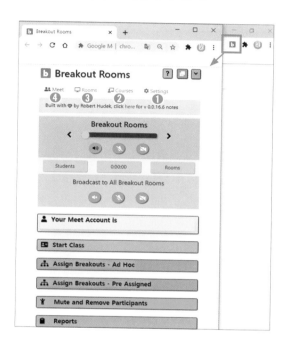

'Setting' 탭에서는 '모둠의 개수'를 결정하면서 '탭으로 생성/창
으로 생성'을 선택하고, 미트의 툴바 색상 등을 세팅할 수 있다. '외부
사용자의 접근 허용' 여부를 결정하는 곳도 있는데, 학교 계정을 사
용하는 경우는 선택할 필요가 없고 학교 계정이 없어서 개인 계정으
로 클래스룸과 미트를 사용하는 학교의 경우는 선택해서 외부 사용
자가 접근할 수 있도록 설정해야 한다.

'Course' 탭에서는 화상 회의를 조절할 메인 구글 미트 창의 이름을 지정해준다. ①'추가' 버튼을 눌러 ②'수업의 이름'을 지정하고 ③'저장'을 꼭 눌러준다.

'Rooms' 탭에서는 메인 화상 회의 방과 소그룹 방의 이름을 지정해준다. ①'Courses' 탭에서 지정한 수업의 이름을 선택하고, ②추가 버튼을 눌러서 ③메인 이름을 지정하는데, 이때 클래스룸의 행아웃 미팅의 주소를 넣어주면 클래스룸에 생성된 미트 회의 방이 자동

으로 메인 방으로 설정된다. ④소그룹의 개수만큼 이름을 지정해두고 ⑤저장을 눌러주면 소그룹 생성이 완료된다. 이때, ④소그룹의 이름은 한글이 지원되지 않으므로 영어와 숫자만을 사용하도록 한다.

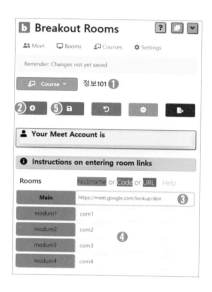

마지막으로 'Meet' 탭의 'Start Class'를 눌러 ②메인 방만 실행, ③소그룹만 실행, ④메인 방과 소그룹 방 모두 실행을 선택해 화상 수업을 시작하면 되는데, 이때 ①을 눌러 소그룹에 학생들을 배치하는 작업을 해주어야 한다.

①'Assign Breakouts' 버튼은 학생들을 소그룹에 할당하는 메뉴인데, 학생들이 메인 방에 모여 있으면 자동으로 학생들의 명단이 나타난다. 이때 'Randomly Assign' 버튼을 눌러주면 학생들이 랜덤

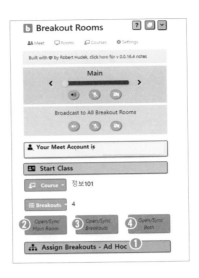

으로 배치된다. 물론 학생들을 재배치할 수도 있다. 보통 실시간으로
화상 수업을 하는 경우, 클래스룸에 연결된 행아웃 미팅 방에 학생들
이 참여하고 있으므로 학생들의 명단이 자동으로 뜬다.

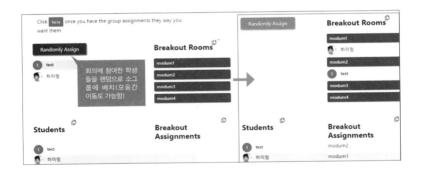

온라인 수업의 모든 것

이제 미트 창을 실행시키고 학생들을 소그룹 방으로 초대해야 하는데, 위에서 할당한 대로 학생들을 자동으로 보내는 기능은 없다. 그래서 학생들이 모여 있는 메인 미트 창의 채팅 기능을 이용해서 학생들에게 소그룹으로 들어가는 링크 주소를 알려주어야 한다. 이때 링크 주소는 다음의 'here' 버튼을 클릭하면 나타나므로 복사해서 채팅창에 붙여넣기 해주면 된다.

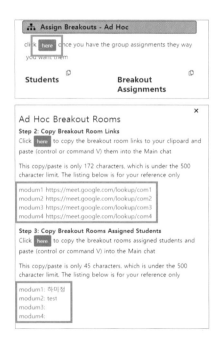

이제 준비가 되었으니 'Start Class'에서 메인과 소그룹 방을 열어보면 다음과 같이 화면이 분할되어 표시되는 것을 볼 수 있다.

교사는 컨트롤 창에서 소그룹을 제어할 수 있다. 각 소그룹 방의 교사의 비디오와 오디오를 켜고 끌 수 있고, 전체 방에도 방송할 수 있어 편리하다. 모둠 수업을 정리하고 싶을 때는 아래쪽의 'Mute and Remove Rarticipants' 메뉴에서 전체 음 소거 혹은 학생 퇴장을 시킬 수 있다.

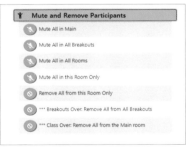

잼보드(Jamboard)

인터넷상의 화이트보드 기능을 제공하는 앱이다. 포스트잇을 붙여서 의견을 표시하거나, 텍스트를 입력하고 직접 그림을 그리거나 삽입할 수 있다. 링크를 공유하면 여러 명이 협업할 수 있어 다양한 수업에 적용 가능하다. 스마트폰에서도 작업이 가능한데, 아쉬운 점은 스마트폰에서는 스티커 메모에 한글을 입력하면 화면에 '???'로 표시되어 나타나는 점이다. PC 모니터에서는 한글로 잘 보인다. 스마트폰 앱의 기능과 PC 버전의 도구에 차이가 있다.

학생들에게 제공되어야 할 내용을 '이미지 추가' 버튼을 이용해 배경에 깔아두고 시작하는 것도 방법이다. 하나의 이름 안에 화이트보드가 무한대로 추가되기 때문에 반 전체 학생을 대상으로 4컷 만화 그리기 혹은 자료 수집, 보고서 작성 등을 할 수도 있다. 아이패드에서는 더 다양한 도구 기능을 제공하고 있으니 참고하길 바란다.

4. 수학 :
구글 미트를 활용한
일차방정식 수업

가장 먼저 한 고민은 어떤 플랫폼으로 수업을 할지 정하는 것이었다. 그래서 반 아이들에게 줌과 구글 미트를 알려주고 일주일간 사용해보도록 했다. 반 아이들이 구글 미트가 사용하기 쉽다고 했기에 쌍방향 온라인 수업의 플랫폼으로 선정했다. 일주일 정도 조례 시간을 통해 아이들과 구글 미트로 만나면서 간단한 사용법을 알려주었다. 자연스럽게 툴을 잘 다루는 친구들이 도우미 역할을 했다. 생각보다 수월했고 잘될 것 같았지만, 실제로는 온라인 개학 전까지 일대일 전화 상담원처럼 전화만 붙들고 있게 되었다. 그래도 시간이 지나면서 점차 안정화되었고 단 1명의 낙오자 없이 온라인 수업을 할 수 있게 되었다.

소개하고자 하는 내용은 중학교 1학년 수학 2단원 문자와 식에서 '일차방정식의 활용' 온라인 수업 사례이다. 일차방정식은 중학교 1학년 수학 중 학생들이 가장 어려워하는 단원으로 교사의 피드백이 많이 필요한 단원이었다. 무엇보다도 교사의 피드백을 통해 학생들이 어떻게 문제 해결에 도달하는지 그 과정을 분석하는 것이 중요했다. GEG 경기에서 강조하고 있는 역동적 피드백과도 일맥상통했다.

📋 교과 및 단원 - - - - - - - - - - - - -

교과 수학(1학년)
단원명 2. 일차방정식의 풀이와 활용
단원 주제 일차방정식을 활용해 문제 해결하기

📋 차시 수업 계획 - - - - - - - - - - - - -

단원	차시	수업 내용 및 활동
중단원 도입 활동	1	- 단원 활동 및 학습 계획
01. 문자의 사용	2~3	- 문자를 사용한 식 - 기호 ×, ÷의 생략
02. 식의 값	4	- 대입과 식의 값
03. 일차식과 그 계산	5~8	- 일차식의 뜻 - 일차식과 수의 곱셈, 나눗셈 - 일차식의 덧셈, 뺄셈
중단원 마무리	9~10	- 개념 정리 - 수준별 문제 및 수행 과제
중단원 도입 활동	11	- 단원 활동 및 학습 계획
01. 일차방정식과 그 해	12~13	- 방정식과 그 해의 의미 - 등식의 성질 - 일차방정식의 뜻

02. 일차방정식의 풀이와 활용	14~17	– 일차방정식의 풀이 – 일차방정식의 활용
중단원 마무리	18~20	– 수준별 문제 및 수행 과제

먼저 수업의 핵심적인 지식과 기능을 학생들에게 전달해야 했다. 수학자 폴리아(Polya)의 문제 해결 4단계 과정을 중심으로 교과서의 예를 가지고 문제 해결의 4단계가 어떻게 적용되는지 구글 미트를 통해 실시간 쌍방향으로 설명했다. 별도의 영상을 제작하기에는 시간이 녹록치 않았다. 그래서 전자 칠판 앱인 '익스플레인 에브리씽 에듀(Explain Everything EDU)'를 사용해 교과서를 화면으로 공유하면서 개념 설명을 했다. 강의식으로 설명했지만 수업 중간 학생들의 이해도를 확인해야 했다. 불시에 질문을 하거나 구글 미트 채팅창을 활용해 얼마나 이해하고 있는지를 점검했다. 이런 활동들은 수업의 긴장감을 유지하는 데 도움이 되었다.

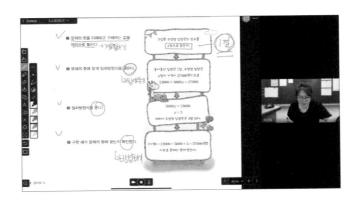

핵심 지식과 기능에 대한 설명을 한 후에는 실제 문제를 풀면서 피드백을 해야 했다. 일단은 개념을 제대로 이해했는지 확인하기 위해 거리, 속력, 시간의 개념을 적용해야 해결할 수 있는 문제들을 제시했다. 아무래도 바로 풀기에는 부담스러울 것 같아서 학생들에게 다시 거리, 속력, 시간의 관계 공식을 설명하고 잼보드를 활용해 간단한 퀴즈 풀기 활동을 하며 복습했다. 일종의 전자 칠판인 잼보드는 판서는 물론 포스트잇 기능, 사진 넣기 기능이 있을 뿐 아니라, 지우개로 지울 때는 지우개 가루가 실제로 떨어지는 느낌을 받을 수 있어서 아이들이 좋아했다.

골든벨 퀴즈를 푸는 방식으로 피드백을 하고 싶었다. 그래서 잼보드를 학생들에게 번호대로 한 페이지씩 제공해주었다. 그리고 제한 시간 안에 문제를 풀도록 했다. 학생들이 어떻게 문제를 해결하는지 실시간으로 잼보드를 돌아다니며 볼 수 있고 즉각적인 피드백을 해줄 수 있어서 좋았다.

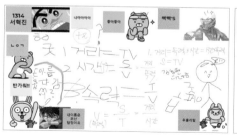 

잼보드를 활용한 골든벨 퀴즈 활동을 종료한 후에 거리, 속력, 시간의 개념이 포함된 일차방정식 활용 교과서 문제를 제시했다. 예상대로 처음부터 완벽하게 문제를 해결한 학생은 드물었다. 그래서 교과서에 제시된 그림을 활용하며 한 단계, 한 단계 힌트를 주면서 피드백을 해주었다. 구글 미트의 댓글 창과 직접 구두로 소통하며 피드백을 했고 학생들이 자신의 풀이 과정을 웹캠을 통해 보여주거나 중간 과정을 구글 클래스룸을 이용해 비공개 댓글로 질문하도록 했다. 각각의 상황에 맞게 개별 피드백을 하거나, 전체 피드백을 해주면서 모두가 문제를 해결할 수 있도록 계속 지원했다.

태블릿 PC를 통해 피드백한 내용

피드백한 파일은 '수정됨'으로 저장

이렇게 피드백을 통해 문제를 해결하고 나면 학생들은 해결한 문제를 사진으로 찍어 구글 클래스룸에 제출한다. 실시간 화상 연결 수업 상황에서 모두가 웹캠을 켜놓고 수업에 참여하면 좋지만 현실은 정반대였다. 웹캠을 켜놓지 않고 수업에 참여하는 학생들도 상당수가 있었던 것이다. 그래서 학생들이 수업에 잘 참여하고 있는지 확인하기 위해 매시간 풀이 과정을 구글 클래스룸에 제출하게 했다. 구글 클래스룸 활용이 어려운 학생들에게는 구글 설문지의 파일 첨부 기능을 활용해 학생들의 풀이 과정을 확인했다.

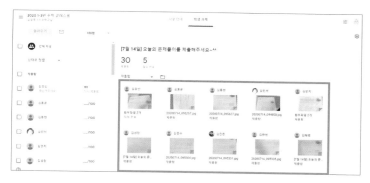

학생들이 제출한 문제 풀이

피드백의 핵심은 모두가 이해하고 있듯 즉시성이다. 그래서 즉각적인 피드백을 하기 위해 구글 클래스룸의 과제 반환 기능을 사용했다. 문제 풀이를 잘못한 학생들을 대상으로 정답에 도달할 수 있을 때까지 피드백을 주면서 과제를 반환했다. 문제를 해결할 때까지 피드백 제공과 함께 과제 반환 과정은 계속되었다.

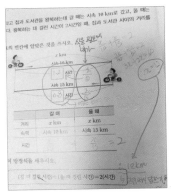

피드백한 내용을 계속 반환해 문제를 해결하는 과정

이렇게 해서 첫 번째 문제를 모든 학생들이 해결하게 되었다. 첫 번째 문제를 해결한 후에는 유사한 문제를 상·중·하 수준으로 나누어 제공했다. 비슷한 문제이기 때문에 학생들이 좀 더 수월하게 해결할 수 있었는데, 첫 번째 문제 풀이 이후에 학생들의 수준이 파악되었기 때문에 자신의 능력보다 조금 어려운 수준의 문제를 풀면서 한 단계 업그레이드할 수 있도록 했다. 문제는 구글 클래스룸에 PDF 파일로 만들어 학생 수준별로 나누어 제공했다. 과제를 받으면 학생들은 자신의 스마트 기기를 활용해 PDF 파일 위에 펜으로 풀이 과정을 쓰고 제출하면 된다. 이 과정에서도 학생이 문제 해결에 어려움을 겪으면 어려움을 겪는 부분에 대해서 피드백을 하고 과제 반환 기능으로 학생들에게 돌려주었다. 그리고 위 과정을 첫 번째처럼 모든 학생들이 문제를 해결할 때까지 반복했다.

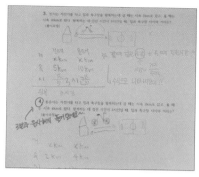

유사 문제 풀이 과정 피드백

　두 번째 문제까지 모든 학생들이 해결하니 벌써 수업을 마칠 시간
이었다. 마무리로 이번 시간에 배운 내용들을 잘 기억하고 있는지 확
인하기 위해 '멘티미터(Mentimeter)'를 사용했다. 멘티미터는 학생들
의 생각을 알아보고 즉각적인 피드백을 하기 적합했으며 동시에 교
사의 수업에 대한 피드백을 받을 수 있어서 좋았다. 기억나는 내용,
어려웠던 점, 재미있었던 문제들을 질문해보고 학생들과 함께 이야
기를 나누었다. 그리고 문제 해결 과정에서 느꼈던 점을 이야기하고

Go to www.menti.com and use the code 7 7 5 2

일차방정식의 활용을 마치며 나의 느낌은? 😀 😍

처음에 거속시문제 너무 어려워는데 비슷한 문제 풀면서 이해되기 시작해서 어려번 도전끝에 문제 풀어서 기분 좋았다-----ㅎ

일차방정식 문제 하나 때문에 여러번 풀었지만 이제 확실히 알아냈으니 기분이 좋다

삼성=TV ㅋㅋㅋS=TV 요거 평생 기억 날 듯요 ㅋ

반복해서 일차방정식 활용을 해서 그런지 언제든지 활용이 나오면 풀 수있을 것 같다

문제에 아무이름이 아닌 친구들 이름이라서 그런지 더 신기했고 친근하게 ?문제를 풀수 있어서 좋았다

교과서에서도 문제가 변형 되는 구나 …

삼싱티비 ㅋㅋㅋㅋㅋㅋ

활용문제가 어려웠지만 매일 보고 읽기를 해서 시험볼때 도움이 되었다

피드백으로 어러번 제출하는구 힘들었지만 문제를 내 힘으로 풀고나니 뿌듯했다~ㅎ

영산이가 축구장 가는 문제⚽

잼보드로 쭉지시하 본기. 글씨더 잘쓰고 싶

열심히 참여한 학생들에게는 칭찬을 해주며 내일은 더 나은 수업이 될 수 있도록 모두가 노력하자고 다짐하며 수업을 정리했다.

수업에 적용된 Tool

구글 미트

구글 미트는 Google for Education에 포함된 구글의 앱으로 화상 수업을 가능하게 해준다. 온라인 수업에서 교실의 역할을 해준다고 생각하면 된다. 채팅창, 화면 발표 기능은 기본적으로 학생들과 수업을 가능하게 해준다. 채팅창은 학생들과 소통할 수 있는 좋은 도구가 되어준다. 우측 상단에 채팅, 하단에 발표 시작을 클릭해 사용할 수 있다.

발표 시작을 클릭해 화면을 공유하면 구글 미트에 접속한 모든 학생들이 그 화면을 공유하게 된다. 수학이라는 과목의 특성상 필기가 필요해서 주로 태블릿PC를 사용해 수업을 하는데 태블릿PC에서는 하단에 점 3개(⋮)를 클릭하고 화면 공유를 클릭한 후 방송 시작을 클릭한다. 수업에 태블릿PC를 사용하면 필기뿐 아니라, 태블릿PC에 있는 모든 앱을 수업에 사용할 수 있다.

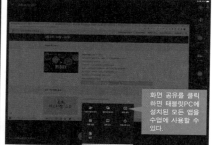

화면 공유를 클릭하면 태블릿PC에 설치된 모든 앱을 수업에 사용할 수 있다.

익스플레인 에브리씽 에듀

태블릿PC에서 사용할 수 있는 유료 앱으로 교육용(EDU)으로 결제하면 한 번 결제로 계속 사용할 수 있다. 구글 미트로 접속 후 화면 공유를 하고 '익스플레인 에브리씽 에듀'를 열어 사용하면 된다. 다음 그림은 구글 미트에 '익스플레인 에브리씽 에듀'를 화면 공유해 발표한 예이다.

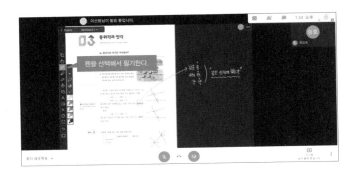

보통 교과서 출판사들은 교과서 PDF 파일을 제공하는데 그 파일을 '익스플레인 에브리씽 에듀'에 불러오면 된다. 교과서 PDF 파일을 불러오는 방법은 교과서를 다운로드해서 클라우드 서비스 저장 공간에 파일을 저장한다. 예를 들어 구글 드라이브에 교과서 파일을 저장하고, 다음과 같은 방법으로 파일을 불러오면 된다. 구글 드라이브를 누르면 구글의 어떤 계정으로 로그인할지 물어보는데 파일이 저장된 계정으로 로그인을 하고 구글 드라이브 폴더를 찾아가면 된다.

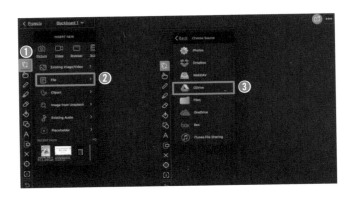

불러올 파일을 선택해 다운로드하고 우측 상단에 'Import'를 눌러 불러온다.

어떤 형태의 레이아웃으로 불러올지 선택을 하는데 필기를 생각하면 한 장씩 불러오는 것이 좋다. 'Separate Slides'를 선택하고 'Insert'를 눌러서 교과서 파일을 불러오도록 한다.

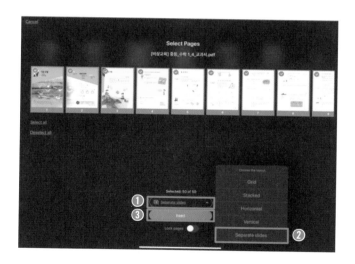

구글 클래스룸 과제 기능

학생들이 풀이 과정을 제출하고 연속해서 피드백을 받을 툴로 구글 클래스룸을 소개한다. 너무나 유명한 툴이기에 수업에서 주로 사용했던 기능만 소개하겠다. 학생들에게 과제를 부여하는 기본 기능은 다음과 같다.

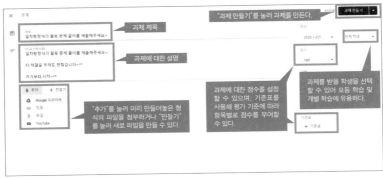

제출한 과제를 피드백해 반환하는 기능은 다음과 같다.

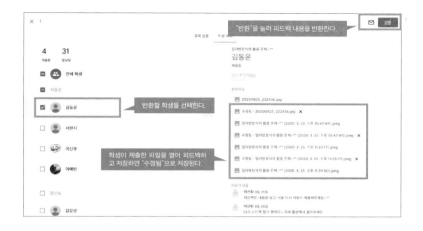

멘티미터

마지막으로 설명할 툴은 수업 정리 단계에 사용한 멘티미터이다. 수업 도입 부분이나, 마지막 정리 단계에서 생각을 열거나, 정리하는데 유용하다. 멘티미터는 웹상에서 이메일로 간단하게 가입하고 사용할 수 있다.

'Present'를 눌러 보이는 화면을 구글 미트로 화면 발표하면 온라인상에서도 충분히 학생들의 생각과 의견을 나눌 수 있다. 결과를 녹화해 배경 음악과 함께 짧은 동영상을 만들어 제공할 수 있다.

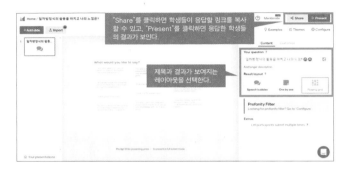

5. 미술 :
디자인 툴을 이용한
시각 디자인 수업

　학교에서는 쌍방향 온라인 수업을 진행하기 위해 실제 등교 시간 표와 똑같은 상황을 설정해놓고 교사 연수를 진행했다. 학교에는 이미 지스위트가 구축되어 있었기 때문에 화상 플랫폼은 구글 미트로 정해졌다.

　교사뿐만 아니라 학생들도 준비가 필요했다. 온라인 수업이 시작되기 일주일 전부터 정해진 시간에 아이들과 함께 접속 테스트를 했다. 첫날에는 10명, 둘째 날에는 16명이 들어왔고 점점 접속 참여율이 높아졌다. 참여율을 높이기 위해서 온라인 수업 안내와 함께 간단한 게임 활동을 하고, 교실의 바뀐 모습들과 학교 근황을 라이브 방송으로 보여주기도 했다. 실시간으로 달리는 댓글을 읽으며 진행하고 있자니 마치 1인 유튜브 크리에이터 같기도 했다.

　　실시간 온라인 수업을 준비하면서 미술이라는 과목 특성상 학습자가 기대하는 실기 수업이 있는데, 이를 어떻게 구현해낼 수 있을까를 고민했다. 학교에서는 미술실에 준비된 재료들을 바로 사용하면 되지만 온라인 수업을 하게 되면 직접 재료를 준비해야 하는 여러 어려움이 있기 때문이다. 과감하게 기존의 수행평가와 진도, 수업 계획을 수정했다. 그리고 웹 기반 디자인 툴을 활용한 온라인 수업을 구성하고 이에 맞게 수업 계획을 다시 작성했다.

📋 교과 및 단원 - - - - - - - - - - - -

교과 미술(3학년)
단원명 4. 문화를 말하는 시각 이미지(미진사)
단원 주제 웹 기반 디자인 툴을 활용해 주제에 맞게 디자인할 수 있다.

📋 차시 수업 계획 - - - - - - - - - - - -

차시	수업 내용 및 활동
1	- 시각 디자인 알아보기 - 주제에 맞는 디자인 예시 알아보기 - 캐릭터 디자인하기(봉봉 미니로 자신의 캐릭터 디자인)
2	- 미리캔버스 사용법 알아보기
3	- 미리캔버스 연습하기(선거 포스터)
4	- 캔바 사용법 알아보기
5	- 캔바 연습하기(주간 일정 플래너)
6	- 캔바 또는 미리캔버스 연습하기(유튜브 썸네일 디자인)
7	- 수행평가 안내(캔바 또는 미리캔버스로 디자인하기)
8	- 수행평가 만들기 및 질의응답
9	- 수행평가 제출 및 차시 수업 안내

수업을 진행하기 전 가장 먼저 해야 할 일은 학생들의 스마트 기기 보유 현황을 조사하는 것이었다. 특히 웹 디자인을 해야 하는 상황이었기 때문에 매우 중요했다. 구글 설문지로 조사했는데 조사 결과는 다음과 같았다.

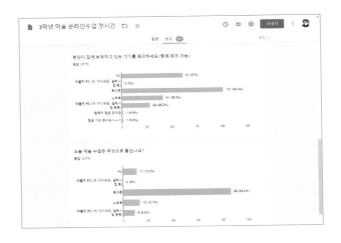

　설문 결과 스마트폰으로 접속하는 학생들이 대다수여서 웹과 앱 둘 다 사용 가능한 프로그램을 선정한 뒤, 각각의 사용 방법을 설명했다.

　첫 수업이 시작되었다. 구글 미트로 아이들과 만나고 출석 확인부터 했다. 혹시 들어오지 못하는 아이들을 위해 양해를 구하고 수업을 녹화했다. 녹화한 수업 영상은 유튜브에 올려서 수업에 참여하지 못한 학생들에게 제공했다. 출석 확인이 끝나고 구글 문서를 공유하면서 수업 활동에 대해서 간단히 안내했다. 이번 수업에서는 '봉봉 미니'를 사용해 캐릭터 디자인을 할 계획이었다. 구글 설문을 통해서 학생들이 가장 관심 있는 분야가 만화와 애니메이션이라는 사실을 알게되었다. '봉봉 미니'를 선택한 이유는 웹과 앱 모두 사용이 가능할 뿐아니라 쉽고 재미있게 캐릭터를 디자인할 수 있는 툴이어서였다.

    간단한 사용 방법에 대해서는 구글 슬라이드를 공유해 설명했고 바로 자신만의 캐릭터를 '봉봉 미니'로 만들도록 했다. 작품이 모두 완성되면 구글 설문지로 제출하도록 했고 구글 드라이브에서 결과물을 보여주며 누구인지 맞춰보는 간단한 게임으로 수업을 마무리했다.

    다음 차시 수업에서는 앞으로 사용할 '미리캔버스' 사용법을 알려주고 선거 포스터 만들기 활동을 진행했다. '미리캔버스'는 UI가 직관적이라서 학생들도 한 번만 사용 방법을 들으면 쉽게 사용할 수 있었다.

아무래도 처음 사용하는 툴이다 보니 수업 중 학생이 질문하는 경우가 많았다. 경우에 따라서는 자신의 결과물을 공개하길 원하지 않는 학생들도 있었다. 그런 경우에는 개인적으로 댓글을 남기며 피드백을 해주었다.

처음부터 어려운 과정을 할 수는 없기에 기존에 제공하는 템플릿을 선택한 후 글자나 그림, 색을 바꾸는 기초적인 단계로 진행했다. 학생들에게는 어느 정도 연습 과정을 거쳐서 좀 더 나은 작품을 만들 수 있도록 조언했고, 디자인이 완성되면 다운로드를 하고 구글 설문지에 첨부해 제출하게 했다. 구글 설문지를 제출할 때에는 그날 수업에서 어려운 점 등이나 보완할 점들을 같이 받아서 학생들 개개인의 수준을 파악하고 다음 차시 수업에 반영했다.

학생들은 수업 시간 외에도 교사와 소통하며 피드백을 받고 싶어 했다. 그래서 보조적으로 카카오톡 오픈 채팅방을 이용해 학생들에게 필요한 피드백을 제공했다.

　　개인적인 사정으로 수업에 참여하지 못하는 학생들이 발생하는 경우에는 앞에서 언급했던 것처럼 운영하고 있는 유튜브 채널에 구글 미트로 녹화한 수업 영상을 편집해 업로드하고 공유했다. 그리고 EBS 온라인 클래스에는 그날의 수업 내용과 설문지 주소를 공유했다. 덕분에 학생들은 학급마다 어디까지 진도가 나갔는지 알 수 있었고 그날 놓쳤던 수업 내용을 다시 확인할 수 있었다.

온라인 수업의 모든 것

캘리 그래피와 지우개 도장 만들기

시간이 지나면서 디지털 툴을 사용하는 수업 이외에 실제로 실기 수업을 온라인으로 도전해보고 싶어졌다. 그래서 캘리그래피 수업에 도전하게 되었다. 캘리그래피 수업을 준비하던 중 '함께하면 학생들의 참여율을 더 높일 수 있지 않을까?' 하는 마음으로 핸드폰을 거치해 촬영할 수 있는 수직 촬영 거치대를 구입했다.

설명서를 보고 조립한 수직 촬영 거치대에 스마트폰(또는 액션캠)을 끼운 뒤 바로 수업에 활용했다. 캘리그래피 예시를 보여주고 연습하는 것부터 시작해서 문장을 쓰는 것까지 설명과 함께 시연했다.

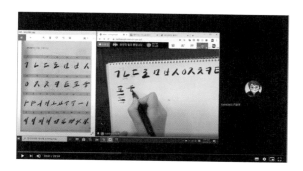

교사가 시연하는 동시에 학생들도 실시간으로 같이 따라서 연습하게 했다. 그리고 설문지에 활동한 결과물을 찍어 보내고 구글 드라이브에서 확인할 수 있도록 했다.

같은 방식으로 지우개로 도장을 만들어 찍는 전각 수업에서도 설명 및 만드는 과정을 직접 보여주며 온라인 수업을 했다.

수직 촬영 거치대를 사용해 실시간 수업을 할 때 불편한 점은 수업 시작 전 미리 세팅해야 한다는 것과 스마트폰으로 화상을 송출할 경우 와이파이 연결 등의 데이터 문제를 미리 해결해야 한다는 것이다. 그리고 재난 문자가 오면 송출 화면이 꺼지는 경우가 있으니 카메라를 따로 구입해 사용하는 것도 좋은 방법이다.

구글 캔버스 앱을 활용한 드로잉 수업

작년 크롬북으로 미술 수업을 했을 때 학생들과 드로잉 수업을 하기 위해 찾은 것이 구글 캔버스 앱이다. 별도의 앱 설치 없이 웹에서 간단하게 그릴 수 있으며 레이어 설정이 가능해서 좋았다. '인물 표현'이라는 주제로 그리고 싶은 연예인의 사진을 웹에서 골라서 크롬북에 저장한 뒤 구글 캔버스의 배경화면에 불러와서 그 위에 레이어

를 생성해 따라 그리는 트레이싱 기법을 사용했다. 드로잉을 어려워
하는 친구들도 흥미를 갖고 즐겁게 참여할 수 있는 수업이었다. 아쉬
운 점은 터치 속도와 처리 과정이 느려 세밀한 작업을 하기가 쉽지
않다는 것이었다.

같은 인물의 모습을 배경에 대고 레이어마다 펜의 종류를 다르게
선택해 선의 모양과 느낌이 다르다는 것을 체험하도록 했는데 학생
들이 잘 따라왔다. 다음은 구글 캔버스로 그린 그림을 구글 슬라이드
로 작성하여 발표한 학생 작품이다.

구글 캔버스로 그림을 그릴 때 터치된 선의 속도가 너무 느리다면 PC용 태블릿, 갤러시탭이나 아이패드 등을 이용하자. 이런 스마트 기기류로 그림을 그리면 빠르고 정확한 드로잉을 할 수 있다. 다음은 포토 크리에이트 앱을 사용해 그린 작품이다.

수업에 적용된 Tool

구글 닥스(Google Docs)

구글의 웹 기반 서비스로 문서 작성이 가능한 한글과 비슷한 프로 그램이다. 스마트폰에 독립적으로 설치할 수 있는 앱으로도 제공된다.

컴퓨터로는 크롬 브라우저로 접속하고 파일은 구글 드라이브에

저장된다. 작성한 구글 문서를 공유해 편집하거나 뷰어용으로 설정
해 쓸 수 있다는 장점이 있다.

봉봉 미니

봉봉 사이트(https://kr.vonvon.me)에서 제공하는 서비스로 캐릭터
를 디자인할 수 있다. 스마트폰으로 별도의 앱(vonvon mini)을 다운
받아서도 사용할 수 있다.

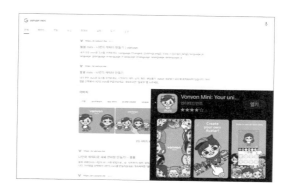

　①첫 화면이 시작되면 시작하기 버튼을 누르고 ②그다음 성별을 정하도록 한다. ③성별까지 선택이 완료되면 얼굴형, 눈, 코, 입, 옷, 액세서리, 배경색까지 색이나 모양을 각각 다르게 디자인하면서 완성하도록 한다. OK 버튼을 누르면 2~3초 정도의 로딩 화면 후 ④완성된 그림이 뜬다. 좌우 VONVON 같은 글자를 없애고 싶다면 크게 보기를 눌러 저장하면 된다.

미리캔버스

　별도의 프로그램을 다운로드해 설치하는 방식이 아니라 웹페이지 (https://www.miricanvas.com)에서 바로 양식을 선택하고 편집 및 출력까지 진행할 수 있다. 인터넷 익스플로러는 지원하지 않고 크롬 브라우저에서 잘 구동된다.

　크롬 브라우저에서 로그인을 한 후, 미리캔버스에 가입 아이디와 비밀번호를 동기화시켜 저장하면 사이트에 로그인할 때마다 바로 시작하기 버튼만 눌러서 편하게 사용할 수 있다.

　로그인을 한 후 설정 메뉴 옆에 픽셀이 표시된 부분을 누르면 다양한 종류의 디자인 예시 즉, 템플릿을 종류 또는 파일 크기별로 생성할 수 있다.

아래와 같이 좌측 메뉴 바에서 각각의 버튼을 누르면 UI가 바뀌어 원하는 기능을 선택해 사용할 수 있다.

유튜브 썸네일 종류의 템플릿 중에서 하나를 선택해 적용시키면 아래와 같은 화면이 뜨는데 원하는 디자인으로 바꾸어 다운로드를 할 경우 먼저 플로피 디스켓 모양의 저장 버튼을 눌러 저장한 다음 다운로드를 할 수 있다. 캔바처럼 제목을 적지 않아도 자동 저장되는 기능이 없기 때문에 자주 저장 버튼을 눌러 줘야 한다.

웹 페이지를 기반으로 하기 때문에 따로 프로그램을 설치할 필요가 없고 스마트폰이나 태블릿에서도 사용할 수 있다. 많이 사용하는 웹 디자인 사이트로 캔바(Canva), 망고보드, 미리캔버스 등이 있는데 망고보드와 미리캔버스는 국내에서 개발되었다. 인터넷에서 '미리캔버스 사용법'으로 검색하면 쉽게 설명된 방법을 동영상으로도 찾을 수 있다.

크롬 캔버스(Chrome Canvas)

크롬 브라우저에서 웹사이트(https://canvas.apps.chrome/)에 접속

해 사용한다. 컴퓨터의 그림판처럼 드로잉을 할 수 있는 앱이다. 그림판과 달리 웹에서 사용 가능하고, 레이어 기능이 있으며 구글 계정으로 연동해 사용할 수 있다.

처음 로그인하면 아래와 같은 화면이 뜨는데 새 그림을 누르면 흰 배경의 파일이 생성되고 이미지에서 새로 그리기를 누르면 사진을 배경에 삽입한 파일이 생성된다.

흰 배경으로 생성된 새 그림은 아래와 같은데 ①번 팔레트를 클릭하면 펜의 색을 바꿀 수 있고 ②번 펜을 클릭하면 펜 심의 크기와 불투명도를 조절할 수 있다. ③번 레이어 버튼을 클릭하고 플러스 버튼을 누르면 레이어가 기존 레이어 위로 생성된다. 맨 아래 있는 레이어는 배경 레이어로 가운데 동그라미 물감통 모양을 누르면 배경색을 바꿀 수 있다. ④번 이미지로 저장을 클릭하여 작품을 저장한다.

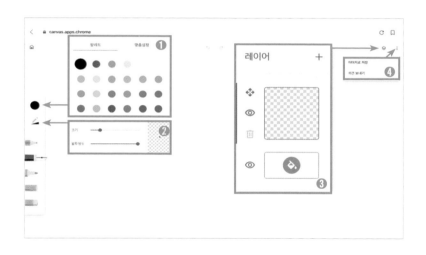

그림을 완성한 후 팔레트 위 집 모양 버튼을 누르면 다시 처음 로그인 화면으로 돌아간다. 그렸던 그림들은 미리보기용 큰 파일처럼 저장되어 있다. 크롬 브라우저에 로그인해서 사용하면 자동 저장된다. 그림 아래 오른쪽의 세로로 점 3개 버튼을 누르면 그린 파일들을 지우거나 복제할 수 있다.

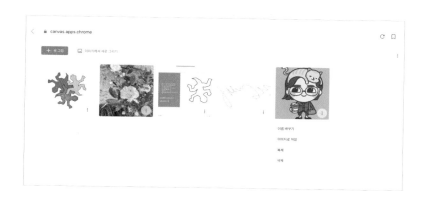

프로크리에이트(Procreate)

아이패드 전용 드로잉 앱으로 유료 앱이다. 결제는 최초 다운받을 때 한 번만 한다.

실행시키면 크롬 캔버스처럼 작업했던 메뉴가 뜨는 로비 화면이 있다. 맨 위 오른쪽 플러스 버튼으로 새로 그리거나, 작업한 미리보

기 파일을 누르면 그릴 수 있다.

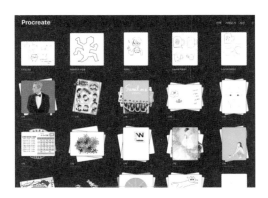

왼쪽 상단 갤러리 버튼을 누르면 로비 화면으로 이동하고, 동작
버튼에서 다양한 파일 확장자명으로 공유하거나 저장할 수 있으며,
브러시, 지우개, 레이어 툴로 작업을 할 수 있다.

그림을 다 그린 뒤 비디오 버튼을 누르면 마지막 작업까지 그렸던 히스토리가 빠르게 시간을 압축한 동영상처럼 생성되어 내보낼 수 있다. 상단 맨 오른쪽 동그라미를 누르면 색을 바꿀 수 있는 팔레트가 뜬다.

프로크리에이트는 4K 캔버스 해상도, 독점적인 이중 텍스처, 브러시, 텍스트 및 애니메이션 기능을 포함한 136개의 브러시, 멀티 터치 환경을 위해 제작된 다양한 도구를 제공한다는 장점이 있으나 유료이다. 따라서 오토데스크 스케치북(Autodesk Sketchbook), 어도비 포토샵 스케치(Adove Photoshop Sketch), 어도비 프레스코(Adobe Fresco), 그림판 앱 등 무료로 제공되는 앱을 사용하는 것도 좋은 방법이다.

크롬 브라우저 사용 팁 하나!

개인적으로 온라인 수업을 하면서 크롬 브라우저를 많이 사용하면서 얻게 된 팁을 소개할까 한다. 크롬 브라우저를 사용할 때 간단하지만 알아두면 편리한 기능들이 있다. 먼저 즐겨찾기와 같은 북마크 기능도 사용할 수 있으며 자주 사용하는 사이트가 있다면 바로가기 버튼을 생성해 사용할 수 있다. 화면에서 바로가기 추가를 눌러서 사이트 이름과 URL을 입력하면 검색창 밑으로 바로가기 버튼이 생기는데 매우 유용하다.

Online Class

PART 4

온라인 수업 실천 사례
_ 고등학교

1. 통합과학 :
4개의 단위 활동으로 구성한
'생명 시스템' 수업

온라인 수업이라는 새로운 교육 방식에 대한 이야기가 고개를 들고 우리에게 다가왔다. 성큼 다가온 '원격 수업'은 우리가 맞서야 할 변화가 아니라 맞이해야 할 변화였다.

2학기가 시작되면서 '실시간 쌍방향 원격 수업'이 시작되었다. 1학기에는 등교 수업과 원격 수업이 유동적으로 이루어졌던 것과는 달리 2학기에는 학생 수 2/3 등교 원칙에 따라 격주로 등교 수업과 원격 수업이 이루어짐에 따라 교육 과정을 재구성했다. 즉 등교 수업과 원격 수업의 특색을 반영해서 보다 내실 있는 수업을 계획했다.

2학기 수업에서는 구글 클래스룸의 퀴즈 과제와 과제의 기준표를 적극적으로 활용해 역동적 평가를 적용하고자 했다. 수업해야 하는 내용은 통합과학 대단원 'Ⅱ. 시스템과 상호 작용'이었다. 시스템 구성 요소들이 상호 작용을 통해 일정한 질서에 따라 끊임없이 변화하면서도 지속성을 유지하고 있다는 개념을 세포에 적용해 세포가 시스템으로 기능하고 있다는 것을 알아보는 단원이었다. 또한 교육 과정 내에서 선후 관계를 파악해보면 중학교 2학년 '동물과 에너지' 단원에서 생물의 구성 단계와 소화 효소, 미토콘드리아의 세포 호흡을 학습한 내용과 3학년 '생식과 유전' 단원에서 학습한 염색체 개념과 연계되는 과정이었다. 이후 교육 과정으로는 생명과학Ⅰ의 '유전', 생명과학Ⅱ의 '세포의 특성' 단원으로 연계되었다. 이를 역동적 평가 계획표 양식으로 나타내면 다음과 같았다.

① 교수 학습 평가 기본 정보					
학년/학기	1학년/2학기	교과	통합과학	단원	Ⅱ-03-01. 생명 시스템의 기본 단위
② 학습 계열 확인하기					
이전 학습 내용		본 학습 내용		후속 학습 내용	
중학교 2학년-동물과 에너지 중학교 3학년-생식과 유전		생명 시스템의 기본 단위 -세포와 세포막		생명과학Ⅰ-유전 생명과학Ⅱ-세포의 특성	

※ 통합교과 내 학습 계열 확인
1학기에서는 역학적 시스템 및 지구 시스템 단원을 통해 '시스템은 구성 요소들의 상호 작용을 통해 일정한 질서에 따라 끊임없이 변화하면서도 지속성을 유지하고 있다'는 것을 학습했다. 2학기에는 1학기에 배운 시스템에 대한 개념 지식을 생명 현상을 나타내는 기본 단위인 세포에 적용해 세포가 시스템으로 기능하고 있다는 것을 이해하도록 구성했다.

역동적 평가 계획표 - 교수 학습 평가 기본 정보 및 학습 계열 확인하기이 단원의 교수 학습 평가 중심 과제를 역동적 평가 계획표 양식으로 나타내면 다음과 같았다.

③ 교수 학습 평가 중심 과제 선정(생명 시스템 1차시 수업)	
성취 기준 분석	[10통과05-01] 지구 시스템의 생물권에는 인간과 다양한 생물들이 포함되는데, 모든 생물은 생명 시스템의 기본 단위인 세포로 구성되어 있으며, 이러한 세포에서는 생명 현상 유지를 위해 세포막을 경계로 한 물질 출입이 일어남을 설명할 수 있다.
개념 지식	▶ **학습 요소: 생명 시스템, 세포 소기관의 구조와 기능** 1. 생명 시스템으로서 세포의 특징을 세포 소기관과 이들의 상호 작용을 통해 설명할 수 있다. 2. 세포가 구성 요소의 상호 작용을 통해 유지되는 시스템이라는 것을 설명할 수 있다.
교과 역량 분석	1. (과학적 사고력) 제시된 지문의 5개 문단을 요약한 후 시스템의 특성을 한 문장으로 설명할 수 있다. 2. (과제 집착력) 제시된 과제를 모두 완성할 수 있다.
본 수업 활동 계획	1. 학생 진단 계획: '시스템'에 대한 선개념 조사(**구글 설문지 활용**) 2. 과학적 사고력 키우기: 시스템 관련 과학 기사 요약하기(**구글 문서 활용**) 3. 과학적 개념 지식 키우기: 시스템 측면에서 살펴보는 세포의 구성과 특성(**구글 미트 활용 실시간 쌍방향 수업**) 4. 반성적 피드백: 자기 평가표 작성하기(**구글 퀴즈 과제 활용**)
본 수업 학생 진단 계획	본 수업 활동 도입과 정리 활동으로 제공

역동적 평가 계획표 - 교수 학습 평가 중심 과제 선정하기(1차시 수업)

③ 교수 학습 평가 중심 과제 선정(생명 시스템 2차시 수업)	
성취 기준 분석	[10통과05-01] 지구 시스템의 생물권에는 인간과 다양한 생물들이 포함되는데, 모든 생물은 생명 시스템의 기본 단위인 세포로 구성되어 있으며, 이러한 세포에서는 생명 현상 유지를 위해 세포막을 경계로 한 물질 출입이 일어남을 설명할 수 있다.
개념 지식	▶ **학습 요소: 세포막, 인지질 2중층, 선택적 투과성, 단백질 통로, 확산, 삼투, 항상성** 1. 세포막의 구조적 특징을 구성 분자의 특징을 근거로 설명할 수 있다. 2. 세포막을 통한 물질의 이동을 세포막의 구조적 특징을 근거로 설명할 수 있다.
교과 역량 분석	1. (과학적 사고력) 확산과 삼투의 개념 지식을 이용해 적혈구의 부피 변화를 설명할 수 있다 2. (과학적 탐구력) 교과서에 제시된 실험을 분석해 실험 결과를 분석해 결론을 도출할 수 있다.
본 수업 활동 계획	1. 학생 진단 계획: '과학적 탐구 역량'에 대한 선개념 조사(**구글 설문지 활용**) 2. 과학적 사고력 키우기: 교과서 내용 요약하기(**구글 문서 활용**) 3. 과학적 개념 지식 키우기: 세포막의 구조와 기능(**구글 미트 활용 실시간 쌍방향 수업**) 4. 반성적 피드백: 자기 평가표 작성하기(**구글 퀴즈 과제 활용**)
본 수업 학생 진단 계획	본 수업 활동 도입과 정리 활동으로 제공

역동적 평가 계획표 - 교수 학습 평가 중심 과제 선정하기(2차시 수업)

앞의 두 표에서 제시한 것과 같이 교수 학습 평가 중심 과제를 선정한 후 학생 진단은 구글 클래스룸에서 제공하는 퀴즈 과제를 활용하였다. 퀴즈를 통해 수준별, 개인별 수준을 파악하고 처치 계획을 세웠다. 구체적인 학생 진단 계획은 다음과 같다. 학생 진단을 위해 별도의 1시간을 배정해 형성평가를 다음과 같은 흐름으로 적용했다.

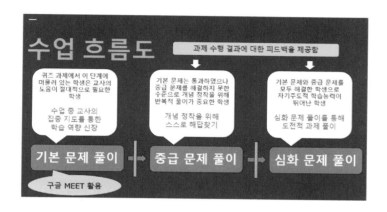

구글 퀴즈 과제의 '섹션 이동하기' 기능을 이용해 수준별 문항을 섹션으로 나누고, 문항 풀이를 통해 얻은 키를 이용해 상급 단계로 이동할 수 있도록 설계했다. 기본 문제에서는 교과 수업에서 달성해야 하는 최소 개념이 정착되어 있는지를 확인하는 수준이며 중급 문제에서는 정착된 개념이 유사 개념들과 구분될 수 있는지 개념 분화 정도를 확인할 수 있도록 구성했다. 중급 문제를 모두 해결한 경우에는 상급 단계로 진입하도록 했다. 상급 단계는 서술형 문항으로, 답을 제출한 학생에 대해 수업 후에 비공개 댓글 기능을 이용하여 자세한 피드백(205쪽 그림 참조)을 제공했다. 상급 단계로 가기 전 학생 스스로 개념 분화 정도를 판단하게 한 후 필요에 따라 추가 문항을 제공할 수 있도록 설계했다. 학생 진단 계획 수립에서 가장 중요하게 고려한 점은 교사의 도움이 필요하거나 또는 교사와 공동 수행이 필요한 학생들을 위한 지원 방안을 마련하는 점이었다. 역동적 평가에서 강조하는 교수－학습－평가가 선순환적 구성을 통해 효과를 발휘하기 위해서 가장 중요한 것은 교사의 지원이라고 생각했다. 이를 위해서 교사의 도움이 필요한 학생과 교사와 공동 수행이 필요한 학생을 위해 지도 시간을 확보했다. 그리고 그 과정에서 다른 학생은 미트를 활용하여 모니터링했다.

이를 위해 2개 이상의 구글 미트를 실행하고 한쪽은 전체 활동을 모니터링하는 동시에 다른 한쪽에서는 개별 학생 또는 소그룹 활동을 통해 수준별 지도를 수행했다. 공통 수업에서 형성평가 문항을 실시하는 동안 전체 학생의 활동을 모니터링하면서 채팅으로 질문하게 했고, 개별화 수업에서는 개별 학생과 직접 질의 응답하는 방식으로

진행했다. 특히 기본 문제 풀이에 어려움이 있는 학생들에게는 수업 과정에서 다음과 같이 안내했다.

> 수업 활동 안내
오늘 활동은 형성 평가 문항에 도전해보는 활동입니다. 형성 평가 문항은 3단계로 설정되어 있습니다.
　가. 1단계: 기본 문항입니다. 기본 개념에 대해 알고 있는지를 묻는 단계이며, 이 단계의 문항을 풀이해서 얻은 정답은 2단계로 넘어가는 열쇠로 사용됩니다.
　나. 2단계: 2단계 문항은 기본 개념을 확장해서 응용하는 단계입니다. 개념이 잘 정착되어 있으면 답을 잘 찾을 수 있지만 그렇지 않은 경우에는 해결이 쉽지 않습니다. 2단계 문항을 풀이해서 얻은 정답은 역시 3단계로 넘어가는 열쇠로 사용됩니다. 3단계로 넘어가기 찜찜한 경우와 열쇠를 찾지 못한 경우에는 '더 해보기'경로를 선택해주시기 바랍니다.
　다. 3단계: 3단계 문항은 서술형 문항입니다. 대학 면접 등의 문항에 대한 준비 과정으로 논술형 글쓰기에 도전하는 단계이며, 이 단계에서 제출한 답안은 추후 피드백을 제공할 예정입니다.

※ 유의 사항: 성적에 반영되는 평가는 아니기 때문에 직접 풀지않고 친구에게 답을 공유받지 않도록 해주시기 바랍니다. 스스로 풀이에 도전해보시기 바랍니다. 기본 문항 풀이에 어려움이 있는 경우는 아래 링크로 접속해주시기 바랍니다. 선생님이 친절하게 하나하나 설명해드리도록 하겠습니다.
접속 링크 : https://meet.google.com/lookup/CS_2th_Class_00

　이후의 형성평가에서는 '기본 문항 풀이에 어려움이 있는 경우'라는 문구를 삭제했다. 문구가 주는 부정적 의미 때문인지 문구가 있었던 과제가 제시된 반에서는 구글 미트에 접속하는 학생이 없었다.

　중심 과제에 대한 수행 해석 계획 수립 과정에서는 구글 클래스룸 과제에 제시되는 기능인 기준표를 활용했다. 구글 클래스룸 기준표를 활용함으로써 해당 수업의 구체적인 도달점을 제시해 학생 스스로 자신의 현재 수준과 도달점과의 차이를 이해하고 학습 전략을 세울 수 있도록 했다. 그리고 교사에게는 교수 학습 과정 이후 수행 결과를 확인할 때 명료한 평가 기준을 제공해 공동 수업 교사들이 함께 평가 활동에 참여할 수 있는 편의를 제공하도록 했다.

(5) 생명 시스템- [10통과05-01] - 세포 소기관의 구조와 특징

교수 학습 평가 중심 과제에 대한 수행 해석 계획 수립 - 학생 측면

교수 학습 평가 중심 과제에 대한 수행 해석 계획 수립 - 교사 측면

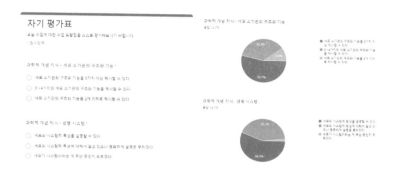

    기준표는 또 학생들이 반성적 사고 과정을 경험할 수 있도록 자기 평가 기준으로 활용했으며 교사의 피드백과 비교해보도록 했다. 학생이 평가한 자기 평가표는 교사의 수업에서 교수법에 대한 피드백을 제공할 뿐만 아니라 개별 학생의 성취 수준을 파악하는 데도 도움을 준다.

    역동적 평가를 위한 교수 학습 평가 중심 과제의 차시별 활동 계획은 구글 클래스룸에서 제공하는 주제 만들기 기능을 활용했다.

역동적 평가 기록 계획은 구글 클래스룸에서 제공하는 학생별 포트폴리오 기능을 활용했다. 학습 활동 전반에 걸쳐 학생별 포트폴리오가 만들어지기 때문에 학생이 수업 전 과정을 통해 변화되는 모습을 추적할 수 있었다. 이러한 기능을 이용하면 학생이 중심 과제를 끝까지 수행했는지뿐만 아니라 수업 전반에 걸쳐 학생별로 성장과 발달이 일어나고 있는 정도를 판단할 수 있었다. 또한 별도로 교사가 자료를 관리하지 않아도 시스템에 모든 활동 기록이 남기 때문에 교사의 업무를 줄이는 데에도 많은 도움이 되었다.

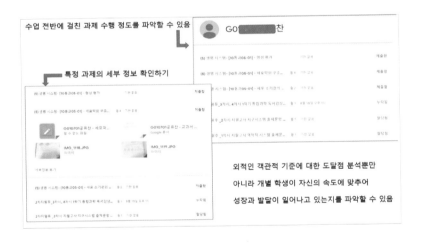

역동적 평가를 온라인 수업에 적용하기 위한 모든 준비를 마치고 이제 수업을 시작했다. 원격 수업에서 역동적 평가를 적용한 수업 모형은 다음 표와 같다. 원격 수업에 대한 준비에 소요되는 시간을 고려해 본 수업 45분, 쉬는 시간 15분으로 운영했다.

단계	교수 학습 내용	시간	비고
수업 도입 활동	▶ **학생 출석 확인** ▶ **수업 안내 사항 및 기준표 확인 활동**	10분	출석 확인을 하는 동안 과제 수행
	▶ **선개념 확인 설문 활동** – 핵심 지식 및 기능을 바탕으로 본 수업과 관련된 선개념 수준을 파악함.		
실시간 화상 수업	▶ **내용 요약을 바탕으로 한 과학 글쓰기 활동** – 교과서 또는 제시된 과학 지문 요약 활동 – 과학 과목에서 분석적 읽기 및 추론하며 읽기는 중요한 기능이며, 읽은 내용의 핵심을 요약하는 과정에서 연역적 추론 및 귀납적 추론, 귀추적 가설 생성 등의 과학적 사고력을 키울 수 있다.	10분	
	▶ **교과서 내용에 대한 강의식 수업** – 강의 수업을 통해 부교재 내용 정리 –수행 결과물을 온라인 수업 플랫폼에서 제공하는 과제 제출 기능을 활용해 교사에게 전송	20분	
실시간 화상 수업 후	▶ **자기 평가표 작성 및 수업 중 질문 받기**– 본 수업 내용에 대해 목표 도달 정도를 스스로가 평가하도록 함. – 교사의 수업 개선을 위한 피드백으로 수업에 대한 느낌 및 개선점 제안	5분	

위 그림은 역동적 평가를 적용한 수업 모형을 실제 수업에 적용한 것으로, 구글 클래스룸의 과제 만들기에서 안내 사항을 통해 역동적 평가 계획 단계에서 분석했던 단원 성취 기준과 학습 요소를 제시했고, 수업을 통해 익혀야 할 내용을 개념 지식과 핵심 역량으로 구분해서 제시했다. 원격 수업에서 출석을 확인하는 동안 학생들이 기준표에 제시된 평가 기준을 확인하도록 안내했다. 기준표는 과학적 개념 지식과 과학적 핵심 역량으로 나누어 매시간 제시했다.

출석 확인 및 평가 기준표 확인이 끝난 후에는 이전 단원과 연계되는 본 단원의 중심 과제에 대한 학생들의 선개념을 확인하기 위해 구글 설문지를 이용했다. 요약 기능을 이용하면 설문 결과를 자동으로 분석해주기 때문에 설문 분석을 위한 별도의 노력과 시간을 절약할 수 있었다. 단점은 학생이 설문 제출을 하기 전에는 내용을 확인할 수 없다는 것이다. 때문에 수업이 끝날 때 자기 평가 결과와 함께 요약해서 학생들에게 피드백했다.

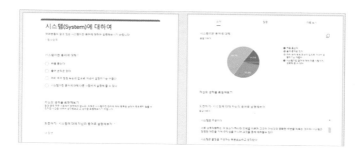

설문 조사 결과는 스프레드시트로 저장하고 분석해 다음 수업 설계에 반영했다.

스프레드시트로 저장한 내용은 구글에서 제공하는 구글 코랩 (Google Colab)을 이용해 다음과 같이 '시스템'이라는 개념에 대해 학생들이 가지고 있는 주요 개념들의 우선 순위를 확인하도록 했다.

학생들의 선개념을 확인한 후 도입한 교수 학습 활동은 '내용 요약을 바탕으로 한 과학 글쓰기 활동'이었다. 현재 일선에서 이루어지는 과학 수업은 다양한 현실적인 이유 때문에 부교재를 활용해 빈칸 채워 넣기와 문제 풀이식 수업이 주로 이루어지고 있다. 이러한 방식의 과학 수업으로는 과학 활동에 있어 가장 중요한 과학 개념의 구조화 및 문제 발견을 위한 추론적 사고 역량이 개발되기 어렵다. 따라서 통합과학 수업 시간에는 적극적으로 과학 지문 분석과 이를 바탕으로 한 글쓰기 활동을 편성하려고 노력했다.

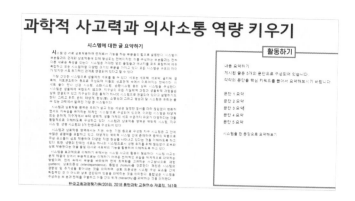

원격 수업 환경에서 과학 글쓰기 활동을 하기 위해 구글 과제와 구글 문서를 활용했다. 구글 문서에는 과제 할당이 이루어지면 실시간으로 학생들이 과제 수행 상황을 확인할 수 있다는 장점이 있었다.

이를 이용해 실시간으로 학생들의 과제 수행을 점검했다. 과제 수행에 참여하는 것이 어려운 학생의 경우에는 글쓰기에 대해 안내하거나 학생과 공동으로 글쓰기 활동을 수행하면서 지원했다. 먼저 제출한 학생들의 경우 동의를 구하고 학생들이 작성한 글을 활용해서 글쓰기 활동의 유의할 점에 대해 전체 학생을 대상으로 설명했다. 과제 수행에 어려움을 겪고 있는 학생의 경우에는 직접 협력해 공동으로 글쓰기 활동을 지도했다.

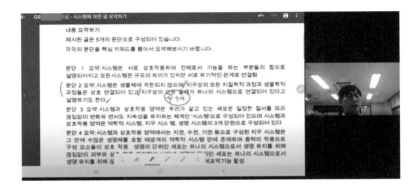

수업의 세 번째 활동은 교과서를 기반으로 한 교과 개념 지식에 대한 학습 활동이었다. 이 단계에 적용한 교수 학습 전략은 강의식 수업 전략을 채택했다. 과학 글쓰기 활동을 도입한 경우 개념 학습에 투여할 시간이 상대적으로 줄어들기 때문에 효율적으로 개념 지식을 축적하기 위해 강의식 수업을 진행했다. 강의식 수업에서도 학생 활동이 없는 일방적 활동은 수업 참여도를 낮출 수 있기 때문에 교과서 내용을 설명하면서 관련된 부교재 내용을 기록하도록 유도해 수업에서 빠져나가는 것을 방지하고자 했다. 따라서 강의식 수업이 끝나면 바로 부교재를 채워서 제출하게 했다.

수업에 이용한 슬라이드에는 학생 활동을 강조하기 위해 슬라이드마다 '활동하기' 란을 두어서 설명하고 있는 내용과 관련해 어떤 활동을 수행해야 하는지에 대한 정보를 제공했다.

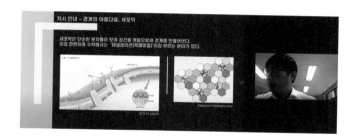

원격 쌍방향 수업의 경우에도 등교 수업과 마찬가지로 반드시 차시 예고를 하고 학생들의 관심을 유발하기 위해 차시와 관련해 호기심을 유발할 수 있는 자료를 제공했다. 세포막과 관련한 호기심 유발 자료는 수학에서 다양한 창의적 활동 소재로 이용되고 있는 단위 구조를 이용해 공간을 채우는, 일명 쪽매맞춤이라 불리는 테셀레이션

을 소개했다.

'자기 평가하기' 활동을 통해 수업 활동 전반에 대해 자기 평가를 하도록 했다. '자기 평가하기'에 사용한 활동 평가 내용은 수업 전에 제시한 기준표를 바탕으로 기준표와 연계해 활동을 평가했으며, 교과 수업에 대한 피드백을 얻기 위해 수업에 대한 질문과 수업 소감을 남기도록 설계했다. 자기 평가표는 설문에 대한 통계가 바로 제시되기 때문에 분석을 위한 별도의 노력이나 시간을 확보하지 않아도 된다.

1차시 수업에 대한 워드클라우드 분석 결과는 다음과 같았다.

이처럼 수업은 4개의 단위 활동으로 구성해 진행했다. 다시 한번 정리해보면 선개념 확인 – 과학 글쓰기를 통한 과학적 사고 역량 키우기 – 강의식 수업을 통한 과학 개념 지식 키우기 – 자기 평가표를 이용한 자기 평가 활동으로 구성된 수업 모형이었다. 각 단계마다 구글 클래스룸에서 제공해주는 기본 도구들의 장점을 최대한 이용하려고 했다. 특히 퀴즈 과제의 섹션 이동 기능을 활용해 학생의 수준별, 개인별 학습을 평가하고 학습 활동을 지원할 수 있었으며, 구글 미트와 구글 문서의 공유 기능을 활용해 실시간 원격 수업에서 쌍방향 상호 작용을 적용하고자 노력했다.

수업 활동이 끝난 후에는 구글 클래스룸의 비공개 댓글 기능을 활용해 지연된 피드백을 통해 좀 더 깊은 내용의 피드백을 제공했다. 학생이 과제를 제출하면 담당 교사가 평가 기준표를 활용해 각각의

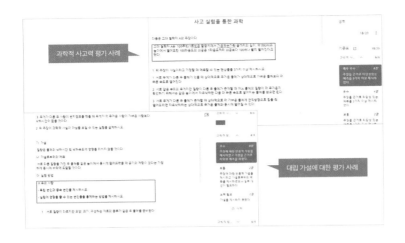

평가 요소별 채점을 했다. 평가 후에는 평가 기준표에 채점된 결과를 반환해주면 해당 학생이 바로 확인할 수 있기에 즉각적인 피드백도 가능하다는 이점이 있었다. 이는 기존 오프라인 수행평가의 경우 수행평가 후에 별도의 시간을 확보해 수행평가 점수를 확인하는 시간을 가져야만 하며, 그때까지 학생들은 자신의 평가 점수를 알 수 없었는데, 이와 비교할 때 상당한 이점이라고 할 수 있다.

구글 클래스룸의 평가 기준표를 활용한 평가에서 얻을 수 있는 이점은 첫째, 4인 교사가 공동으로 하는 수업으로 각 교사는 9개 반에 대해 1가지 평가 요소만을 채점함으로써 9개 반 모두 동일한 평가 관점에서 평가할 수 있다는 장점과 함께, 둘째, 각 교사가 담당해야 하는 평가 업무량이 감소하는 효과가 있었고, 셋째, 동시에 채점할 수 있다는 장점이 오프라인 핸드 아웃 평가와 비교되는 장점 등이 있다.

상급 학생이 제출한 논술형 문항에 대한 1차 피드백 사례

상급 학생이 제출한 논술형 문항에 대한 2차 피드백 사례

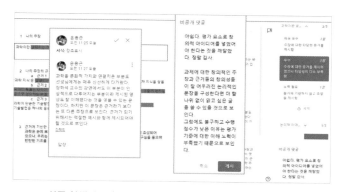

상급 학생이 제출한 논술형 문항에 대한 또 다른 피드백 사례

수업 2차시에는 1차시와 연속된 개념 학습으로 동일한 수업 모형을 적용해 성취 기준에서 제시한 개념 학습을 수행했다. 1차시와 수업 모형은 동일하나 1차시 수업이 개념 지식 습득에 강조점을 두었다면 2차시에서는 핵심 역량(과학적 탐구 역량)에 강조점을 두었다.

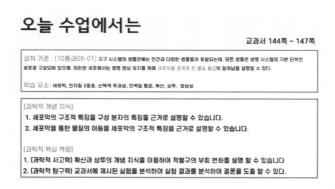

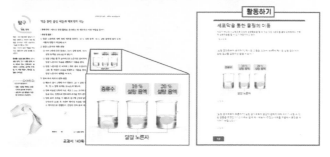

역동적 평가 모형을 적용한 원격 수업은 개념 수업(1차시) – 역량 수업(1차시) – 형성평가(1차시)로 이루어진 총 3차시 분량으로 구성했다. 3차시 수업에서 적용했던 수준별 형성평가 사례는 다음과 같았다.

왼쪽은 형성평가 안내, 오른쪽은 형성평가의 도입부로 생명 시스템으로서의 세포 단원 수업에 대한 개괄적 언급 및 교수 학습 활동 내용을 정리하는 도입글 사례이다.

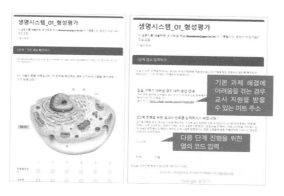

기본 개념 확인하기 문항과 2단계 진입 및 교사 지원 페이지

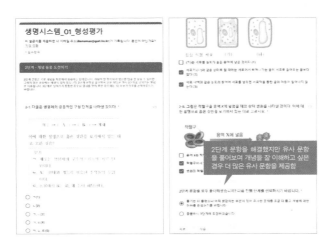

2단계에서 3단계 진행 방법

2단계 추가 문항 예시와 3단계 서술형 문항 예시

수업에 적용된 Tool

구글 클래스룸 기준표 활용하기

기준표를 이용하기 위해서는 클래스룸 - 수업 - 만들기 - 과제를 선택하면 아래 그림과 같이 과제 생성 페이지가 열리는데 오른쪽 아래에 보면 기준표 만들기 메뉴를 볼 수 있다.

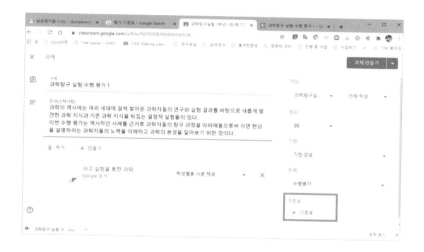

기준표를 만드는 방법은 크게 3가지가 있다. 기준표 버튼을 클릭하면 '기준표 만들기', '기준표 다시 사용', 그리고 '스프레드시트에서 가져오기'라는 메뉴가 나타난다. 기준표 만들기는 기능적으로 어렵지 않지만 기준표를 활용하는 사례는 많지 않은 것 같다. 만들어놓은 기준표는 기준표 다시 사용하기를 이용해 다른 과제에서 만든 기준표를 다시 사용할 수도 있으며, 이미 만들어둔 기준표는 스프레드시트로 저장해두었다가(내 드라이브 – 'Classroom' 폴더 아래에 'Rubric Exports'라는 이름의 폴더가 생성되며 그 아래 과제의 제목과 동일한 기준표 스프레드시트가 생성된다) 다시 스프레드시트에서 가져오기 기능을 이용하면 다시 사용할 수 있다.

2. 통합과학 :
공동 작업과 프레젠테이션을 이용한
'지구 시스템' 수업

온라인 강의라면 EBS 강의가 전부인 줄 알고 있었는데 갑자기 온라인 수업을 해야 한다고 하니 매우 당황스러운 게 사실이었다. 교직 생활 20년 동안 다방면으로 연구하지 않고 한 방향으로만 치우쳐 안주했던 것에 대한 부끄러움이 밀려왔다. 특히 이제까지 주된 수업 활동은 평가활동이라고 해도 과언이 아니었다. 지필평가 1회(40%), 수행평가 4~5항목(60%)으로 평가를 운영해왔는데 학생의 입장에서 보면 사실상 매시간이 평가의 연속인 셈이었다. 왜냐하면 수행평가는 1시간에 해결될 수 있는 것들이 아니어서 평균 4~6시간 당 1개 항목을 완수할 수 있기 때문이었다. 4년간 이렇게 수업을 진행해왔고 올해도 역시 같은 패턴으로 수업을 기획하고 있었다.

코로나19로 연초의 계획을 주 단위로 바꾸는 상황에서도 학생들이 등교할 날만을 기다리고 있었다. 그런데 교육부에서 온라인 수업을 하라는 지침이 내려왔다. 그전까지 대면 수업의 형태로 짠 수업을 갑작스럽게 온라인 수업의 형태로 바꿔야 하는 상황이 발생한 것이다. 전국의 모든 학교가 그랬듯이 우리 학교에서도 다양한 온라인 수업의 플랫폼 중 하나를 선택해야 하는 회의가 연일 계속되었다. 사실 회의 때 안내된 플랫폼을 깊이 이해하고 있었던 교사는 없었다고 여겨진다. 적어도 나는 여러 가지 방법들에 대한 명칭조차 유창하게 읊지 못하는 등 'IT맹'의 입장이었다. 하지만 개학 날은 다가오고, 지금까지 설계해온 수업 방식을 바꾸는 방법은 모르겠고, 어쩔 수 없는 상황 때문에 선택이 아닌 필수가 되어버렸지만 이제라도 새로운 수업 형태에 좀 더 발 빠르게 적응하고 연구하기로 마음먹었다. 그렇게 해서 비록 같은 공간은 아니지만 실시간으로 만날 수만 있다면 어떻게든 교실 수업을 온라인으로 끌어들일 수 있을 것이라는 희망을 갖고 쌍방향 수업을 선택하게 되었다. 게다가 온라인 수업과 대면 수업을 번갈아서 진행해야 하는 상황이므로 학생들에게 대면 수업 때와 같은 생활 리듬을 유지시켜줄 필요도 있다고 생각했다. 여러 우여곡절이 있었지만 아무튼 이렇게 해서 생애 첫 온라인 수업이 시작되었다.

솔직히 코로나19가 곧 잡히겠거니 하는 마음으로 대면 수업만 준비하고 있었기 때문에 온라인 수업 준비는 그야말로 졸속으로 진행될 수밖에 없었다. 2주 동안 쌍방향 수업이 가능하도록 하드웨어 시스템부터 급하게 준비를 시작하게 되었다. 가장 먼저 구글 미트를 능숙하게 활용하는 것을 배워야 했다. 다행히도 구글 미트로 쌍방향 수업을 하겠다는 교사들이 몇 있어서 사전에 함께 연습해볼 수 있었다. 함께 교무실을 사용하는 한국사 교사, 수학 교사 그리고 다른 교무실에 있지만 1학년 교과 담당 영어 교사가 구글 미트로 쌍방향 수업을 하겠다고 동참해서 매우 힘이 났다.

나는 3개 학년을 거의 다 수업하기 때문에 학급별 미트 주소를 개설해 공유했다. 이는 담임 교사의 조종례 때나 다른 교과에서 미트로 수업할 때 같은 창구를 활용하도록 해서 학생들의 혼선을 덜기 위한 것이었다. 함께하는 교사들과 여러 차례 서로 역할을 바꾸어가며 미트에 접속하여 수업에 필요한 작업을 연습했다. 하지만 연습을 해보니 쌍방향으로 얼굴을 보고 목소리를 듣는 것만으로는 부족했다. 칠판을 사용하지 못해서 답답했고 학습지를 함께 체크하지 못해 답답했다. 교과서의 위치를 말로만 설명하자니 알아듣지 못할 것 같았고 교과서의 그림이나 자료를 설명하기가 힘들어졌다. 그런 것들을 해소해줄 만한 도구를 찾아 인터넷을 뒤적거리다가 '그리다 보드' 툴을 발견했다.

'그리다 보드'는 네오스마트펜과 전용 페이퍼로 편하게 판서할 수 있는 도구이다. 네오스마트펜은 온라인 수업과 별개로 연초에 수업 중 기록에 활용하려고 구입했었다. 와콤이나 이지드로잉 등 펜마우스를 이용한 판서 툴도 많이 있었으나 자연스럽게 써지는 것은 스마트펜이 압도적이었다. 반면, 스마트펜으로는 교과서의 PDF 파일 위에 다양한 첨삭을 해가며 설명할 수 없었다. 따라서 이를 위한 또 다른 도구를 활용해야 했다. 나는 '아이캔노트' 프로그램과 이지드로잉(펜 마우스)을 사용하였다. 이렇듯 하드웨어 시스템을 어느 정도 갖춰놓은 후 수업 계획을 다시 세웠다.

코로나19 덕에 2달 치 수업 시수가 사라져서 연초의 계획을 전면 수정하지 않을 수 없었다. 게다가 온라인 수업과 대면 수업을 격주로 진행해야 하는 희한한 상황까지 발생하여 수업의 흐름이 깨지지 않도록 디자인하는 데 초점을 두었다. 차시별 수업 형태와 필요한 수업 도구를 미리 작성해서 온라인 수업 때 무리 없이 진행될 수 있도록 준비하려고 노력했다. 이제 와 느끼는 것이지만 온라인 수업은 대면 수업보다 훨씬 더 돌발 상황에 대한 융통성이 떨어지는 것 같다. 따라서 대면 수업보다 훨씬 더 치밀한 사전 준비가 필요했다.

📋 교과 및 단원 - - - - - - - - - - - -

교과 통합과학(1학년)
단원명 4. 지구 시스템, 9. 발전과 신재생 에너지
단원 주제 지구 환경 변화의 원인과 해결 방법 찾기

단원	차시	수업 내용 및 활동
중단원 도입 활동	1~2	– 지구 환경 변화의 원인을 이야기하고 각 원인별 문제점과 해결 방법을 찾아 발표하기
01. 지구 시스템의 구성과 상호 작용	3~5	– 지구 시스템의 구성 요소 알기 – 지구 시스템의 상호 작용의 예(생각 나누기)
02. 에너지 흐름과 물질의 순환	6~7	– 에너지의 흐름과 물질의 순환 이해하기
03. 지권의 변화와 판의 운동	8	– 판의 운동과 판의 경계의 특징 이해하기
대단원 마무리	9	– 대단원 마무리 형성평가 문제 풀이
모둠 토의 활동	10~13	– '전기가 사라진다면' 가상 상황에 대해 토의하기 – 모둠별 발표
논술 쓰기	14	– '전기가 사라지는 상황에 대비해 준비해야 할 대책'에 대해 논술 쓰기

첫 화상 수업 시간에는 모두가 낯선 수업 환경에 적응하는 것이 최대 과제였다. 먼저 구글 미트로 '지구 환경 오염이 발생하는 원인'에 대해 돌아가며 말하기를 진행했다. 학생들이 이야기하는 동안 학생들이 제시한 원인을 중복되지 않게 나열한 구글 문서 파일을 작성했고 학생들의 이야기가 끝나자마자 구글 문서 파일의 링크 주소를 채팅창에 올려 학생들이 공동 작업에 참여할 수 있도록 했다. 학생들은 공유된 문서로 들어와 자신이 원하는 주제를 선착순으로 선점한

뒤, 그 주제에 대한 자료 파일을 구글 슬라이드로 작성하였다. 이때 구글 슬라이드 역시 같은 파일 안에서 공동으로 작업할 수 있도록 사전에 파일을 만들어두었다. 이러한 문서 공동 작업은 교사가 학생 개인별 작업 상황을 한눈에 파악할 수 있기에 즉각적인 개인별 맞춤형 지도가 가능했고, 이는 대면 수업보다 효과적이었다. 또 실시간 질의응답이 가능하여 학생들이 과제를 원활하게 수행하고 완료하는 비율이 높아졌다. 공동 작업을 하는 학생들은 다른 친구들의 작업 현황을 참고하면서 자신이 무엇을 해야 할지에 대한 방향을 스스로 찾아가는 등 학생들 대부분이 수업 안에서 능동적으로 활동하는 모습을 관찰할 수 있었다.

학생들이 작업한 과제를 발표할 때는 구글 문서로 표를 만들어 모든 학생들이 자신의 칸에 질문을 만들어 쓸 수 있도록 해서 발표 내용에 집중하도록 했다. 특히 1학년 학생들은 친구의 발표가 끝나자마자 바로 '질문하세요?'라고 하면 나서는 학생들이 없어서 정적이 흐르는 지루한 상황이 발생했었는데 공동 작업 문서를 통해 동적인 피드백을 만들어낼 수 있었다. 아무래도 학생들은 나서서 발표하는 것보다 글로 표현하는 것을 덜 부담스러워하기 때문에 공동 문서 작업을 통한 피드백이 잘 작동된 것 같다.

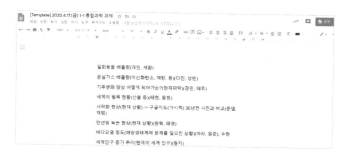

구글 문서 공동 작업

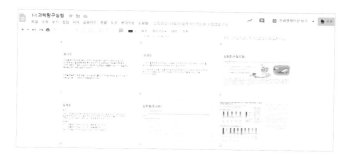

구글 프레젠테이션 공동 작업

    학생들이 발표한 내용을 토대로 교과서의 관련 내용을 정리하는 수업은 강의식으로 진행했다. 교과서 중심의 강의 형태이다 보니 교과서 PDF 파일이 필요했고 여기에 첨삭이 가능한 도구(아이캔노트+이지드로잉)와 추가 설명을 위한 칠판 도구(그리다 보드+네오스마트펜)를 활용하였다. 대면 수업에서는 한 차시 안에 강의 형태로 진행하는 시간이 20분 이내였는데 온라인 수업에서는 학생들의 반응이 대면 수업만큼 능동적이지 않아 50분 내내 강의를 이어갔다. 도구를 이용하여 교과서의 첨삭과 판서를 통한 추가 설명은 어렵게 느껴지지 않았다. 특히 단원의 마무리 형성평가 문제 풀이를 할 때는 아이캔노트 프로그램이 매우 유용했다. 학생들은 교사가 교과서의 어느 부분을 이야기하는 것인지 잘 보여서 따라가기가 수월했다고 평가해주었다. 그러나 교사의 입장에서는 학생들의 상황이 보이지 않아 강의하는 동안 학생들이 수업에 참여하고 있는지를 확인하기가 어려웠다. 왜냐하면 화면에는 학생들의 얼굴만 보일 뿐 그 앞에 무엇이 있고 무엇을 하고 있는지 알 수 없었기 때문이다. 또 강의 중간에 특정 학생을 지정하여 대답을 요구하는 방법도 사용해보았으나 학생의 대답은 대답일 뿐 강의를 얼마큼 이해하고 강의에 얼마나 집중하고 있는가는 측정할 수 없었다. 결국 50분 내내 하는 강의식 수업의 경우 쌍방향 수업은 실시간 소통이라는 형식은 갖추었으나 능동적인 질의응답이 없다면 단방향의 EBS 강의와 큰 차이가 없는 것 같았으며 학습 효과도 장담할 수 없었다.

아이캔노트 교과서 첨삭 설명

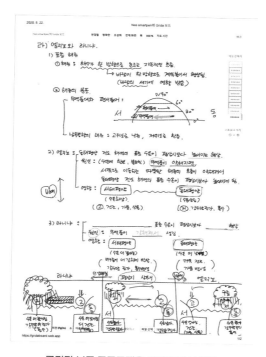

그리다 보드 프로그램을 이용한 판서 예시

마지막으로 대면 수업 때 '전기가 사라진다면?'이란 주제로 모둠 토의 활동을 진행했다. 가상의 상황을 떠올리며 생길 수 있는 문제점을 가능한 한 많이 예측해내고 해결책을 찾아야 하는 고난도 과제로 반드시 모둠 활동으로 진행해야 하는 수업이었다. 코로나19 방역 수칙이 마음에 걸리긴 했지만 수업 내용상 양보할 수 없는 부분이어서 부담을 안고 욕심을 부렸다. 반드시 마스크를 착용하고 대화를 나눌 수 있도록 강조해가며 수업을 진행했다. 대면 수업 기간 동안 학생들은 3시간 동안 열띤 토의를 하고 2시간 동안 모둠별 발표를 했다. 그 후 이어진 온라인 수업 시간에는 이에 대한 논술 쓰기를 개별 과제로 주어 작업하게 했다. 사전에 구글 문서로 개인별 문서 파일을 만들어 놓고 개인별로 지정하여 공유되도록 작업해두었다. 그렇게 해서 학생 개인과 교사만 그 문서를 공유할 수 있었고 학생이 글쓰기 작업하는 과정을 실시간으로 확인하고 즉각적으로 피드백해줄 수 있었다. 수업 시간 내내 모든 학생의 개별 파일을 들여다보면서 진행 정도나 방향 잡기 등을 즉각적으로 알려주어 학생들이 글을 완성할 수 있도록 도왔다. 두 번째로 '쓰레기 분리 배출 방법 알기'란 주제로 수업을 진행하였다. 대면 수업 시간에 모둠별로 직접 플라스틱 쓰레기를 종류별로 분류해보도록 하였고 다른 쓰레기들의 분리 방법에 대해 토의하였다. 이후 이어진 온라인 수업 시간에 분리되지 않은 쓰레기통의 쓰레기 사진 여러 장을 구글 문서에 삽입하여 학생 개인별 파일을 생성했고 자료를 분석하게 했다. 이 역시 학생들이 과제를 수행하는 과정을 모두 상세하게 볼 수 있었고 힘들어하는 학생들에게 즉각적으로 개인톡을 활용한 개별 설명이나 문서 댓글을 활용하여 개인별 피드백을 해줄 수 있었다. 이 부분은 대면 수업에서는 불가능했던 것이었다.

이렇게 쌍방향 수업에서 개인별 문서를 작성하도록 하는 과제는 교사가 학생의 수행 정도를 쉽게 파악하여 즉각적인 개인별 피드백을 해줄 수 있다는 장점이 있었다. 그리고 학생들이 수업 시간 내에 과제를 할 수 있도록 독려할 수 있어서 학생들이 과제를 미루지 않고 완료해내는 비율을 높일 수 있었다. 학생들은 과제 수행 과정 중 언제든지 질문하여 교사에게 즉각적인 피드백을 받을 수 있으므로 과제 수행률이 향상될 수 있었다. 특히 개인별 학습지는 다른 친구들이 볼 수 없기에 친구와 비교하여 자존감이 떨어지는 것을 예방할 수 있었다. 따라서 이런 형태의 과제는 1회성으로 반영하기보다 연습의 과정으로 활용하는 것이 학습 효과를 높이는 데 더 큰 도움이 되었다. 그리고 구글 문서는 학생들이 작성함과 동시에 저장되고 제출되는 것이어서 따로 이메일 등으로 제출하는 과정이 없으며 교사는 언제든지 첨삭이나 댓글로 피드백해줄 수 있다는 장점이 있었다. 이런 혼합 형식의 수업을 통해 대면 수업과 쌍방향 수업의 강점을 찾아낼 수 있었고 두 수업의 강점을 잘 살린 혼합 수업의 형태를 디자인해보고 싶다는 의욕이 생겼다.

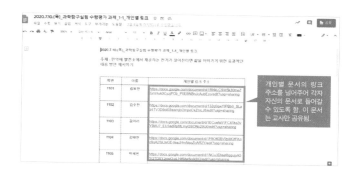

온라인 수업이 선택이 아닌 필수인 상황이 예고도 없이 찾아와 수업의 질적인 부분이 위태로워졌다. 온라인 수업을 해본 경험이 전무하고 컴퓨터로 한글 문서만 겨우 작성해내는 IT 도구 문외한으로 20년간 수업을 해왔다. 온라인 수업으로 방향이 잡혀간다는 인터넷 기사를 읽을 때마다 '아닐 거야'라고 주문을 외웠고 그렇게 2달간 외면하며 시간을 보냈었다. 왜 항상 슬픈 예감은 적중하는 걸까? 이제는 그냥 흘려보낸 2달의 시간이 아까울 뿐이다. 그래도 수업은 해야 하니깐 어설프기 짝이 없게 쌍방향 수업을 시도해보았고 어영부영 1학기를 마치며 깨닫게 된 것은 '시작하길 잘했다'이다. 코로나19 때문에 본의 아니게 접해본 쌍방향 온라인 수업은 코로나19가 아니어도 언제든 활용할 가치가 무한하다는 생각이 들었다.

첫 번째로 점차 개별화 수업이 핵심 쟁점이 될 것이며 이를 동 시간대에 가장 잘 활용할 수 있는 수업의 형태가 쌍방향 온라인 수업이라 여겨지기 때문이다. 실제로 운영해본 결과 능동적으로 수업에 들어온 학생들의 경우 개인별 맞춤형 지도가 가능했고 효과도 있었다.

두 번째로 학생들의 생활 리듬을 지속시키는 데 유용하다. 지금까지의 상황으로 보면 온라인 수업만으로 진행될 경우는 없을 것이며 대면 수업과 병행될 것이므로 일상생활의 리듬이 깨지면 학습 능률에 부정적인 영향을 줄 것이기 때문이다. 우리 학교는 매주 수요일에 온라인 수업과 대면 수업이 교차되었는데 수요일에 등교한 학생 중 일부는 밤낮이 바뀌어 수업 내내 잠을 잤으며 깨워도 반응하지 않는 것을 수차례 목격했다.

　세 번째로 쌍방향 수업은 실시간 상호 작용을 통해 조금 느리지만 서로 래포가 형성될 수 있으며 래포는 학습자의 배움이 능동적으로 이루어지게 할 확률을 높여주기 때문이다. 같은 형태의 발표 수업이 있었는데도 래포가 형성되기 전 1학년 수업에서는 질의응답이 활발하게 이루어지지 않았지만 래포가 형성된 2학년 수업에서는 질의응답이 활발하게 이루어진 것을 보면 알 수 있다.

　네 번째로 '물 들어올 때 노 젓는다'란 말도 있듯이 쌍방향 수업에서는 즉각적인 피드백을 통해 학생이 어려움을 느끼는 순간 바로 해소해줄 수 있기에 학습 능률이 향상된다. 실시간으로 학생 개인별 과제 진행 상황을 파악할 수 있었고 문제점을 발견한 즉시 빠르게 피드백해줄 수 있었다. 피드백의 속도는 쌍방향 수업이 대면 수업 때보다 빨라서 학습 흐름이 깨지지 않았다. 따라서 앞으로도 온라인 수업을 해야 한다면 쌍방향 수업으로 진행할 것이고 대면 수업으로 돌아오게 되더라도 쌍방향 수업의 장점을 대면 수업에 녹여서 활용할 예정이다. 다만 1학기의 경험을 통해 발견된 여러 가지 문제점을 개선하고 쌍방향 수업에 맞게 수업을 디자인한다면 향상된 수업 효과를 기대할 수 있을 것이다.

가장 먼저 출석 체크 방식의 개선이 필요하다. 1학기에는 출석 체크에 대해 온건한 입장이었다면 앞으로는 강건한 입장을 선택하는 것이 바람직하다는 생각이다. 즉 쌍방향 수업 시간에 입장하지 않은 경우에 대면 수업 때와 마찬가지로 결과 처리를 해야 한다는 것이다. 이것이 단방향 온라인 수업과 쌍방향 온라인 수업의 가장 큰 차이점이며 이러한 물리적 규칙이 수업의 당위성과 긴장감을 높일 수 있다. 온라인 수업은 학생들이 능동적으로 참여할 때 비로소 학습 효과를 기대할 수 있다. 따라서 온라인 수업의 강점을 살리고 학생들의 능동적 참여를 유도할 수 있도록 수업을 디자인해야 한다. 특히 쌍방향 수업 시 50분 안에 1가지 방식으로 10분 이상 지속하지 않는 것이 중요하다. 왜냐 하면 쌍방향 수업이라고 해도 컴퓨터 화면을 통해 수업에 참여해야 하므로 같은 패턴에 10분 이상 노출되면 지루해져서 집중력과 긴장감이 떨어지고 딴짓을 하게 된다는 학생들의 평가가 있었기 때문이다.

또 그날 배운 지식을 암기하고 이해한 정도를 그때그때 파악할 수 있도록 형성평가를 사전에 제작해두어야 한다. 대체로 구글 설문지의 '방 탈출 게임' 형식으로 형성평가를 제작하는데 이왕이면 수준별 평가지를 여러 개 제시하여 탈출한 평가지만 제출되도록 하는 방법이면 좋겠다. 1가지 수준의 형식이면 학생들은 학습을 통해 답을 찾는 과정을 반복하는 것이 아니라 제출을 위해 수단과 방법을 가리지 않기에 일단 제출하면 교사는 학생의 성취 수준을 파악할 수 없기 때문이다. 반면 수준별 평가지를 여러 개 제시하고 학생들의 제출 기회를 한 번으로 제한한다면 교사는 제출된 평가지를 바탕으로 학생의 성취 수준을 파악할 수 있을 것이다. 사전 준비가 조금 번거롭겠지만 이러한 형성평가 방식은 쌍방향 온라인 수업에서만 가능한 것으로 생각된다.

이러한 문제점들을 보완한다면 쌍방향 온라인 수업은 대면 수업과 함께 서로의 강점은 살리고 약점은 보완해주어 학습 능률을 향상할 수 있는 또 다른 수업의 대안이 될 수 있을 것이다. 2학기 때는 온라인 수업을 위한 수업 설계를 좀 더 세밀하고 구체적으로 해 다방면의 영역에서 역동적인 피드백이 진행될 수 있도록 노력해야겠다.

3. 생명과학 Ⅰ :
게임과 토론을 통해 성취감을 높인
'생물의 특성' 수업

평소 생명과학 대면 수업에서는 질의응답 또는 토론 활동을 주로 했다. 그래서 이번 온라인 수업에서도 구글 미트를 활용한 토론 활동에 도전했다. 다행히 고등학교 2학년의 경우 이미 서로 친숙한 상태여서 온라인상에서도 전혀 어색해하지 않고 마이크와 채팅으로 다양하게 수다 떠는 모습을 관찰할 수 있었다. 이번 수업의 교과, 단원 및 차시 계획은 다음과 같았다.

📋 교과 및 단원 - - - - - - - - - - -

교과 생명과학 Ⅰ (2학년)
단원명 Ⅰ. 생명과학의 이해, Ⅱ. 사람의 물질대사
단원 주제 생물의 특징과 대사성 관련 질환에 대한 이해

단원	차시	수업 내용 및 활동
도입 활동	1	– 생물의 특성 개념 이해
Ⅰ-02. 생물의 특성	2~3	– 생물의 특성 개념 이해
Ⅰ-01. 생명과학의 특성과 탐구 방법	4	– 과학을 탐구하는 방법 이해하기
스스로 마무리하기	5	– 대단원 마무리 형성평가 문제 풀이
Ⅱ-01. 생명 활동과 에너지	6~7	– 생물의 에너지 생성 및 활용 방법 이해
Ⅱ-02. 물질대사와 건강	8~11	– 대사성 관련 질환 자료 조사 및 발표하기(카드 뉴스 형태)
스스로 마무리하기	12	– 대단원 마무리 형성평가 문제 풀이

전공 교과와 첫 대면이 이루어지는 수업에서는 많은 에너지를 쏟아야 했다. 그래야 수업 시간마다 쏟아져 나오는 전문용어 때문에 과학 공부를 포기하게 되는 학생들을 줄일 수 있다. 그래서 생명과학 Ⅰ 수업의 맨 첫 교시는 '생물이란?' 질문으로 시작해 생물의 특성을 찾아내게 유도하고 다 찾아내면 교과서에서 정의한 6가지 특성을 지정된 용어로 기억할 수 있도록 릴레이 게임을 했다. 먼저 구글 미트에서 교사가 파워포인트 파일을 화면에 띄워 공유하고 생물의 특성을 돌아가며 말하도록 일대일 릴레이 게임을 했는데 오히려 대면 수업보다 잘 들리고 집중이 잘되어서 참여율이 높았다. 일대일 대결 순서는 교사가 임의로 정했으나 사실 성취 수준이 높은 학생들부터 시작

해 낮은 수준의 학생들이 맨 나중에 참여할 수 있도록 배치했다. 이는 같은 지식에 반복적으로 노출시켜 게임을 관전하는 동안 스스로 학습이 일어날 수 있도록 유도한 것이다. 실제로 맨 나중에 참여한 학생들도 모두 말할 수 있게 되었다. 대답하는 시간을 점점 줄여 게임에 긴장감과 성취감을 높여 흥미를 더했으며 이러한 실시간 피드백을 통해 모든 학생이 그 시간에는 완전 학습을 이룰 수 있었다.

2단원 '사람의 물질대사' 부분의 교과 수업을 진행한 후 대사성 질환에 대한 발표 자료를 카드 뉴스 형태로 만들고 발표하는 개인별 과제를 내주었다. 대면 수업과 온라인 수업이 격주로 진행되던 때여서 대면 수업 때 '미리캔버스'를 활용한 '카드 뉴스' 형태의 발표 자료를 만들도록 했고 온라인 수업 때 발표를 진행했다. 이때 '구글 공유 문서'로 표를 만들어 학생 개인별로 각 발표에 따른 질문을 만들 수 있도록 했고 발표한 친구들의 좋았던 점을 평가하도록 했다. 그 결과 학생들이 모두 발표에 집중할 수 있었고 발표자는 발표 후 다른 학생들이 질문을 작성하는 것을 직접 보면서 대답할 시간적 여유를 얻을 수 있었다. 따라서 발표 후 질의응답 시간이 매우 활발하게 진행될 수 있었으며 친구들의 실시간 피드백 평가로 학생 스스로 보완점을 파악할 수 있었다. 특히 쌍방향 온라인 수업에서 한 발표 활동은 다소 소극적이고 목소리가 잘 들리지 않았던 학생들의 발표에 더 잘 집중할 수 있었다. 질문자의 소리도 또렷하게 들려서 대면 수업보다 집중이 잘되었다는 평가를 받았다.

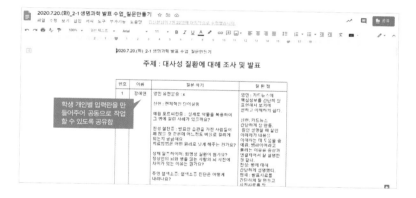

1학기 수업을 마치며 학생들에게 구글 설문지를 이용해 수업 평가를 받았다. 갑작스러운 온라인 수업으로의 전향이 있었음에도 대체로 평소와 같았다는 응답이 많았는데 이는 실시간 쌍방향 수업으로 인해 수행평가 영역을 특별히 축소하지 않고 처음의 계획대로 대부분 진행할 수 있었기 때문이었다. 다만, 온라인상에서 2시간 내내 교사가 일방적으로 강의하는 수업이 가장 지루하고 좋지 않았다는 평을 받았다. 반면 공동 작업 창에서 발표 자료를 만들고 발표 수업에서 충분한 질의응답 시간을 통해 즉석에서 피드백을 받고 좀 더 깊이 학습할 수 있었던 부분은 가장 호평을 받았다. 온라인 수업이라는 복병이 있었지만, 다행히 학생들의 과학 수업에 대한 참여 의지는 감소하지 않았고 앞으로 더 잘 참여하겠다는 의사를 표현한 학생들이 절반을 넘게 되어 2학기 온라인 수업을 준비하는 데 좀 더 비장한 각오를 하게 되었다(설문 조사는 학년만 구분하도록 하고 익명으로 작성).

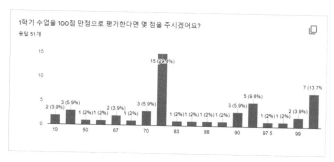

1학기 수업을 100점 만점으로 평가한다면 몇 점을 주시겠어요?
응답 51개

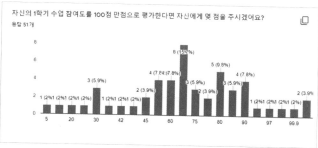

자신의 1학기 수업 참여도를 100점 만점으로 평가한다면 자신에게 몇 점을 주시겠어요?
응답 51개

앞으로 과학 수업에 잘 참여할 의지가 어느 정도 인가요?
응답 51개

100

100%

보통

잘참여할것이다

10/10

나름 높다고 생각합니다.

80%

100이면21

1-10 으로 치면 7

수업에 적용된 Tool

구글 미트

구글 미트는 구글의 앱으로 화상 수업을 가능하게 해준다. 학급마다 채널 하나를 개설한 후 고정해 사용하면 미트를 활용한 수업이 여러 교과여도 학생들은 수업 시간표에 따라 같은 채널로 접속해 다른 수업을 들을 수 있다.

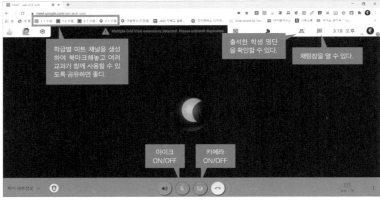

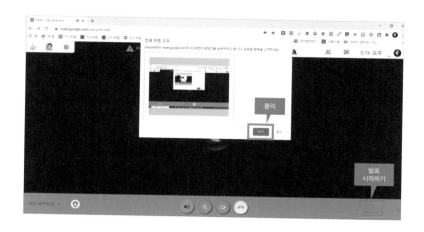

아이캔노트 & 이지드로잉

아이캔노트 프로그램은 PDF 교과서나 학습지 자료를 불러와 다양한 펜 툴로 첨삭할 수 있는 도구로, 무료로 다운로드할 수 있다. 빈노트에 판서도 할 수 있고 동영상 촬영도 할 수 있어서 짧은 수업 영상을 만들 때도 쓸 수 있다. 이때 펜 툴을 자연스럽게 사용하기 위해서 기존의 마우스보다는 '이지드로잉', '와콤'과 같은 펜 마우스를 활용하는 것이 더 효율적이다.

온라인 수업의 모든 것

그리다 보드 & 네오스마트펜

그리다 보드는 네오스마트펜 전용으로, 자연스럽게 판서를 할 수 있는 프로그램이다. 구글 검색에서 '그리다 보드'를 검색한 후 북마크를 해서 사용하면 된다. 다만 사전에 전용 네오스마트펜과 전용 용지를 사야 사용할 수 있다. 네오스마트펜 홈페이지에 들어가면 다양한 제품을 만나볼 수 있다. 사용 방법은 매우 간단하다. 그리다 보드를 실행시킨 후 전용 펜을 연결하면 끝난다. 바로 전용 용지에 글씨를 쓰면 화면에 그대로 옮겨지므로 펜 마우스보다 훨씬 자연스러운 필기감을 느낄 수 있다.

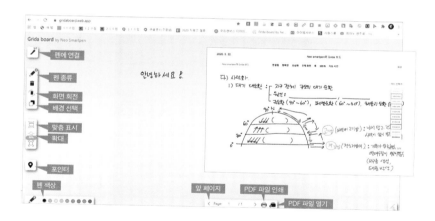

구글 문서

구글 문서는 파일을 공유해 공동 작업을 할 수 있는 장점이 있다. 저장 버튼 없이 자동 저장되므로 문서의 손실을 걱정할 필요가 없으며 문서 이력을 확인할 수 있는 장점이 있다. 또 문단이나, 문장별 댓글을 달고 학생 개인별로 이메일을 보내 쉽게 피드백할 수 있으며 구글 클래스룸에 과제를 올렸을 경우 지정된 폴더로 수합할 수 있어 과제 관리에 유용하다.

구글 프레젠테이션

구글 프레젠테이션도 파일을 공유해 공동 작업을 할 수 있는 장점이 있다. 개인별 과제일지라도 같은 공간에서 작업하면 서로의 작업을 살펴보고 스스로 배우게 되는 효과가 매우 크다. 아주 간편히 자연스러운 협업을 유도할 수 있는 도구이다.

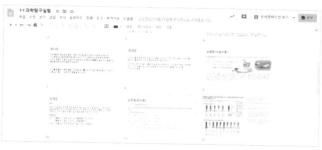

편집자로 설정하고 링크를 복사하여 미트의 채팅창에 붙여넣기 해주면 학생들이 공유 문서로 들어올 수 있다.

슬라이드 맨 첫장에 과제에 대한 안내 사항을 적어두면 학생들이 이 폼에 맞춰 새 슬라이드를 삽입해가며 작업을 수행한다.

미리캔버스

미리캔버스는 각종 템플릿의 기본 폼이 제공되어 학생들이 발표 과제를 좀 더 수월하게 제작할 수 있는 도구이다. 포스터, 카드 뉴스 등의 여러 가지 디자인을 무료로 받을 수 있으며 잘 만들어진 디자인 과 자신의 아이디어를 섞어서 작품을 재생산해내는 학생들도 종종 볼 수 있었다. 내용 구성에 에너지를 쏟을 수 있어 시간이 절약되며 발표할 때도 작품의 질이 어느 정도 확보되어 학생들의 자신감이 향 상된다. 구글 계정으로 쉽게 회원 가입을 할 수 있다.

Online Class

PART 5

온라인 수업 실천 사례
_ 대학교 · 홈스쿨링

1. 대학교 수업 :
협업 프로젝트로 배우는
'민주 정치의 이해'

급작스러운 원격 수업의 전면화

대학에서도 코로나19로 인한 영향은 지대했다. 이전에도 대학에서는 온라인 비대면 수업이 간헐적으로 시도되기는 했지만, 전통적인 오프라인 대면 수업을 넘어서는 상상력을 발휘하지 못하는 제도적 전제와 통념이 확고히 자리매김하고 있었기에, 새로운 비대면 교육 방법의 도입은 그다지 용이한 것이 아니었다.

그나마 다행인 것은 경인교육대학교의 경우 2018년 상반기에서부터 본격적으로 '구글 교육용 지스위트(G Suite for Education)'를 도입하고, 'GEG 경기' 교사들의 도움을 바탕으로 많은 대학 교원 및 학생들이 새로운 온라인 교육 툴에 대한 교육을 받아온 바 있었다. 우연의 일치였지만, 이러한 교육 및 확산 노력은 급작스럽게 들이닥친 코로나19 상황에 유연하게 대처할 수 있는 토대를 마련해주었다.

2020년 1학기, 예상치 못했던 전면 비대면 수업의 상황이 펼쳐졌다. 2차례 개강이 연기되는 과정 속에서 새롭게 비대면 교육 실시를 위한 강의 계획을 수립하게 되었다. 물론 비대면 교육을 위한 디지털 툴은 다양한 것이 사실이지만, 우선은 혼선을 줄이기 위해 우리 대학에서 공식적으로 채택 및 활용하고 있는 툴을 사용하는 데 집중했다.

과목의 성격 및 강의 개요-민주 정치의 이해

'민주 정치의 이해'라는 교과목은 전형적인 이론 수업이다. 따라서 실제 비대면 수업으로 진행하기에 용이한 측면이 있었다. 그러나 이론적 지식의 전달이라는 것은 대면 상황에서 효과적인 소통이 전제될 때 효과적으로 이루어질 수 있다. 이런 측면에서 수업 운영상 난관이 존재했다. 따라서 효과적인 수업 진행을 위해서는 학생들이 참여할 수 있는 기회를 확대하면서, 참여를 통한 효능감을 스스로 느끼게 할 필요가 있었다.

이 수업에서는 일방적인 동영상 제공 수업 방식을 넘어서서, 화상 회의 툴인 구글 미트를 활용해 교수와 수강생들 간의 효과적인 의사소통을 도모했다. 또한 구글의 협업 문서 툴이라고 할 수 있는 구글 닥스를 활용해 협업이 이루어지는 과정을 실시간으로 확인할 수 있도록 진행했다. 이를 전제로 설정한 수업 계획은 다음과 같았다.

주차	강의 방법	강의 내용	비고
1	이론	○ 강의 소개 -수업 소개 및 진행 방식 설명 -프로젝트 진행 팀 구성 -구글 클래스룸 및 행아웃 미트 활용 방법	원격 수업
2	이론	○ 기초 이론 강의(1) 시민사회의 법과 정치 -시민사회에서의 법과 정치의 역할(민주주의와 법치주의) -새로운 시민성의 탐색(아름다운 판결 등) ※ 팀별 연구 주제 탐색(교수+학생)	원격 수업
3	이론	○ 기초 이론 강의(2) 한국의 입법과 민주주의 -한국 입법의 연혁과 현황 -연혁 평가 및 발전 방향(시민 입법의 의의) ※ 팀별 연구 주제 탐색(교수+학생)	원격 수업
4	이론	○ 기초 이론 강의(3) 한국의 입법 과정 -한국의 이원적 입법 과정의 이해 -시민 입법의 위상과 실현 방안 ※ 팀별 주제 선정 논의(질의 / 응답)	원격 수업
5	이론	○ 기초 이론 강의(4) 시민 입법의 요소 -입법 논증의 특수성 파악 -입법을 통한 시민성의 발현 방식(입법 기술, 입법 평가) ※ 팀별 주제 선정 논의(질의 / 응답)	원격 수업
6	이론	○ 중간평가 및 한국의 법체계 -수업 내용을 중심으로 한 평가(단답형 20문항) -중간평가 이후 한국의 법체계 개관 강의	
7	이론	○ 프로젝트 보고서 작성 및 인용 방법 -각종 자료 인용 및 활용 방법 설명(연구 윤리) -프로젝트 보고서 구상 ※ 팀별 주제 논의(질의 / 응답) ※ (☆)팀별 주제 확정/제출(구글 클래스룸)	원격 수업

8	이론	○ 주제별 분임 토의, 계획 발표, 전체 토의(수업중 보고서 작성) –프로젝트 계획 발표(개인별 또는 팀별) –분임 토의→계획 발표→ 전체 토의 –학생 간 상호 피드백(교수 자문) ※ 팀별 프로젝트 보고서 진행 상황 제출(구글 클래스룸) ※ (☆)팀별 발표 일정 확정	원격 수업
9	이론	○ 주제별 분임 토의 및 전체 토의(수업중 보고서 작성) –주제별 분임 토의 및 보고서 작성 –쟁점 사항 및 논의 필요 사항 토의 –학생 간 상호 피드백(교수 자문) ※ 팀별 프로젝트 보고서 진행 상황 제출(구글 클래스룸)	원격 수업
10	이론	○ 주제별 분임 토의 및 전체 토의(수업중 보고서 작성) –주제별 분임 토의 및 보고서 작성 –주제별 프로젝트 진행 상황 발표 –학생 간 상호 피드백(교수 자문) ※ 팀별 프로젝트 보고서 진행 상황 제출(구글 클래스룸)	원격 수업
11	이론	○ 민주 시민 교육 특강 –정치 교육과 법 교육, 민주 시민 교육의 의의 –주제별 분임 토의 및 보고서 작성(현장 수업 시간 활용)	원격 수업
12	이론	○ 〈경인 시민 입법 프로젝트〉 결과 발표회(1) –개인별(팀별) 프로젝트 결과 발표 –발표 내용에 관한 상호 토론 ※ 발표 내용 및 방식에 대한 1주 전 피드백 요청(학교 이클래스)	원격 수업
13	이론	○ 〈경인 시민 입법 프로젝트〉 결과 발표회(2) –개인별(팀별) 프로젝트 결과 발표 –발표 내용에 관한 상호 토론 ※ 발표 내용 및 방식에 대한 1주 전 피드백 요청(학교 이클래스)	원격 수업
14	이론	○ 〈경인 시민 입법 프로젝트〉 결과 발표회(2) –개인별(팀별) 프로젝트 결과 발표 –발표 내용에 관한 상호 토론 ※ 발표 내용 및 방식에 대한 1주 전 피드백 요청(학교 이클래스)	원격 수업
15	이론	○ 종합 토론 –별도의 기말고사 없음 –연구 결과 발표로 대체	원격 수업

온라인 수업의 모든 것

강의 자료의 사전 제공

강의 진행과 관련한 다양한 자료들이 있기에 이러한 자료들을 주차별로 구글 클래스룸을 통해 제시했다. 구글 클래스룸은 우리 대학 LMS(학습 관리 시스템)에 비해 시간 및 장소에 제약 없이 관련 텍스트에 접속해 활용하는 장점이 있었다. 이를 통해 이론 수업에 필요한 자료들은 주차별로 사전에 제공했으며, 이에 대한 예습을 바탕으로 적극적으로 질의와 토론이 이루어질 수 있도록 유도했다.

질의·토론을 위한 질문지 활용

그러나 단순 자료 제시만으로 학생들이 적극적으로 참여하기 어려운 측면이 있어, 수업 내용과 관련한 질문지(구글 폼즈 활용)를 사전에 제시해, 이에 대한 학생들의 답변을 기반으로 질의 및 토론식 수업을 진행했다. 실제 수업 시간에 학생들은 자신이 기재한 답변에 대한 교수의 질문에 응답하는 과정을 거치면서 더욱 적극적으로 임하게 되었다. 교수의 입장에서는 수업 내용과 관련해 학생들이 이해할 필요가 있지만 단순한 이론 전수로는 이해시키기 어려운 지점의 경우에는 토의 및 토론 과정을 통해 설명할 수 있는 장점이 있었다. 다만 토의 및 토론이 이루어지기 위해서는 너무 관념적인 수준의 질문이 아니라 자신의 생각을 묻는 것이어야 할 필요가 있었다.

　　기초적인 이론에 대한 설명을 전후해, 학생들의 토의 및 토론에 관한 참여를 이끌기 위해 기존에 제시된 질문지를 바탕으로 학생들의 발언을 유도했다. 구글 미트는 이러한 토의·토론 수업에 매우 적합했다. 다만 수강생들의 출석 확인 이외의 시간에는 학생들이 카메라와 마이크를 꺼두도록 하고, 발언이 필요한 학생들이나 교수가 호명하는 학생들만 이를 켜서 활용하도록 했다. 또한 급한 질문이나 필요한 사항들은 채팅창을 이용했다.

판서 기능의 구현

기초적인 이론 강의를 위해서는 판서 등을 통해 학생들에게 설명이 가능해야 하는데, 온라인 교육 툴로는 이를 원활히 수행하기 어려운 측면이 있었다. 이에 구글 잼보드가 이러한 목적으로 활용될 수 있음을 인지하고, 펜슬 기능 활용이 가능한 태블릿을 활용해 판서 기능을 수행했다. 이를 통해 효과적인 내용 전달이 가능했다.

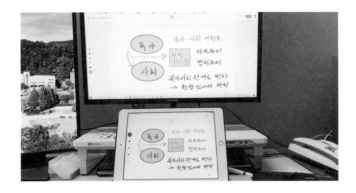

협업 프로젝트 진행

전반부 이론 수업이 완료된 이후에는 공동 협업을 통해 프로젝트 수업을 진행했다. 이번 학기 프로젝트는 시민들이 입법에 참여하기 위해 알아야 하는 사항들을 정리하는 '시민 입법 프로젝트'를 수행했다. 모든 수행 과정은 하나의 구글 닥스에 수강생 모두가 참여해 작성하는 방식을 택했다. 이는 각자 자신의 작성 부분이 다른 수강생들의 것과 조화가 될 수 있는지를 고민하는 동시에, 다른 학우들의 작성 진행률을 참조할 수 있도록 하기 위해서였다. 이는 참여하는 학생들 간의 선의의 경쟁을 유발하는 효과도 있었다.

공개 발표회

최종적으로는 학생들이 작성한 '경인 시민 입법 프로젝트 결과 발표회'를 개최했다. 이 결과 발표회는 공개적인 발표회를 통해 학생들의 공식적인 발표 경험을 제공함과 아울러, 책임감 있는 프로젝트 수행을 유도하기 위한 것이었다. 강의 진행 중 일정 부분 대면 강의가 허용된 상황이었기에, 오프라인 수업에 참여가 가능한 학생들은 강의실에서, 그리고 참여가 불가능한 학생들은 비대면 방식으로 참여토록 했다. 이를 위해 구글 미트를 기반으로 온-오프라인을 연계한 강의를 진행했다. 이를 기반으로 학생들은 자신이 작성한 '시민 입법 매뉴얼'을 다른 학우들에게 공유하고 코멘트했다.

학생 평가

비대면이 전제된 상황에서 과거처럼 수강생을 평가하기에는 어려움이 있었다. 가장 중요한 쟁점은 평가의 공정성 확보라고 할 수 있는데, 오프라인에서 엄격한 시험 관리가 전제되지 않은 상황이라는 점이 문제였다. 그래서 이번 강좌 운영에 있어서는 학생들의 모든 활동 과정이 평가 대상이었다고 할 수 있었다. 그래서 '질문지 답변 작성 내용'과 '매뉴얼 작성 과정'에 대한 평가를 수행했다. 이러한 평가는 단순히 온라인 툴의 활용도를 측정하는 것이 아니라, 철저히 수업 내용과 연계해, 학생들의 이해 정도, 프로젝트 참여 열의, 산출 결과물의 완성도 수준 등에 대한 종합적 분석을 전제로 했다.

특히 프로젝트 진행 자체가 구글 문서를 통해 하나의 문서에서 이루어짐으로써 다른 학우들의 작업 진척도와 수준에 대해 모든 개별 학생들이 파악할 수 있기 때문에, 오히려 단답형 및 서술형 평가보다 더욱 공정한 평가가 가능한 측면이 있었으며, 평가 결과에 대한 학생 수용도도 생각보다 높았다.

강좌 운영에 대한 평가

구글 교육용 지스위트를 활용한 비대면 강좌 운영은 전체적으로 다음과 같은 장점이 있었다.

첫째, 구글 미트를 통한 실시간 비대면 강좌의 운영에 있어 학생들의 집중도가 높았으며, 이론적 내용 전달에 있어서도 수월한 측면이 있었다. 사실 대학에서의 수업 진행에 있어 대면 수업이 교육 효과성을 제고할 수 있다는 것이 과거 통념이었다. 그러나 이번 강좌와 같이 이론적 이해가 전제된 수업에 있어서는 학생 참여도를 제고하기 위한 장치만 있다면, 오프라인 대면 강좌에 비해 더욱 효과적인 이론 교육이 가능하다는 점을 확인할 수 있었다. 특히 화상 강의를 진행할 때 질문지에 스스로 기재한 내용들을 바탕으로 지속적으로 수강생들의 발언을 유도함으로써 수업 집중도를 유지할 수 있었다.

둘째, 교수와 학생들 간의 적극적인 소통이 가능했다. 과거 대면 방식으로 진행된 동일 강좌 운영에 있어서는 학생들이 다른 학우들이나 교수의 분위기에 압도되어 적극적인 발언이나 발표를 꺼리는 경우가 많았는데, 비대면 상황에서는 학생들이 오히려 적극적으로 수업에 참여하는 현상을 확인할 수 있었다. 물론 비대면 수업 초기에는 온라인 툴 활용이 낯설다는 점이 문제가 되었지만, 지속적으로 발언을 유도한 결과 수업 후반부에는 학생 스스로가 발언할 내용이 있을 때 어렵지 않게 마이크를 켜거나 댓글을 통해 의견을 개진하는 사례들을 발견할 수 있었다. 어쩌면 이는 온라인 방식에 친화적인 요즘 학생들의 특성을 보여주는 것으로 평가할 수도 있다.

셋째, 실질적인 협업의 성과를 학생들 스스로가 가시적으로 확인 가능하다. 프로젝트 진행을 위해 학생들 사이에 주제를 배분했는데, 통상 이런 경우 자신이 작성을 진행하는 부분에만 관심이 있는 경우가 많다. 하지만 문서 협업 툴인 구글 문서를 통해 프로젝트를 진행한 결과, 학생들은 다른 학우들이 작성한 내용과 자신이 작성한 내용이 형식적으로든 실체적으로든 정합성을 가질 수 있도록 노력을 경주하는 모습을 빈번히 확인할 수 있었다. 사실 이러한 지점은 과거 전통적인 오프라인 수업 방식에서는 쉽게 확인할 수 없는 현상이었다.

물론 그렇다고 해 온라인 비대면 수업 방식이 전적으로 장점만 있는 것은 아니었다. 실제 교육이라는 것은 비단 강의자와 학생의 언어적이거나 문서적인 표현만을 통해 이루어지는 것이 아니기 때문이었다. 대면 상황에서의 동작이나 표정 등도 효과적인 교육을 위한 중요 요소라고 할 수 있다. 그런 측면에서 비대면 수업은 아직까지는 예외적인 방식이다. 다만 그러한 예외적인 상황 속에서 본래의 교육적 목적을 달성함과 아울러, 과거와 같은 대면 수업에서는 상정할 수 없었던 온라인의 장점들을 극대화하기 위한 노력은 충분히 가치가 있다. 그 과정에서 우리는 과거와는 또 다른 교육적 가치를 발견할 수 있을 것이다. 바로 이런 측면에서 이번 코로나19로 인한 상황은 전통적인 오프라인 강좌 운영에 새로운 가치와 방식을 더해줄 수 있을 것이다.

2. 홈스쿨링 :
스크린캐스티파이와 카훗을 활용한
엄마표 초등 영어 읽기

초등학교로 첫 발걸음을 해야 하는 우리 아이들은 선생님과 반 친구들의 얼굴도 모른 채 집에서 온라인 입학식을 하게 되었다. 초등학교에서 처음 만나게 된 선생님, 친구들과 유대관계를 쌓으며 사회를 배워가야 하는 이 시기는 학교에서 보내주는 학습꾸러미 학습지 하기, EBS 교육방송 듣기, 문제집 풀기 등의 활동으로 채워졌다. 이것말고 집에서 엄마가 해줄 수 있는 교육 활동은 아무것도 없었다. 아이를 내버려둘 순 없었다. 뭐든 해야 했다. 다행히 작년에 '구글 인증교육자(Google Certified Educator)' 레벨1~2 및 '구글 공인 트레이너(Google Certified Trainer)' 자격을 취득했고 GEG 경기의 캡틴으로활동하면서 구글 이노베이터 쥬디 킴 교수님과 함께 다양한 구글 연수 진행 프로그램에 참여하며 많은 것을 경험했다. 특히 국제학교 연수 프로그램에서 초등학교 3학년 학생들이 스스로 여러 가지 구글 도구를 활용해 자기 주도적으로 문제를 해결하는 모습을 보면서 내 아이들에게도 디지털 도구 활용을 통해 더욱 넓은 인터넷 세상을 알려주고 즐겁고 재미있는 놀이 학습을 경험하게 해주고 싶다고 생각했었다. 정말 이렇게 생각만 했었다. 그런데 코로나19 사태는 나의 이런 생각을 실천으로 이어지게 만들었다. 직접 엄마표 교육을 시작해보겠다는 생각이 들었다. 이렇게 해서 구글 도구를 활용한 엄마표 홈스쿨링이 시작되었다.

처음에는 어떻게 해야 할지 막막했다. 그러나 GEG 경기의 쥬디 킴 교수님과 상의하면서 교육 활동에 대한 계획을 세우고 하나씩 준비를 해나갔다. 특히 역동적 피드백을 강조하셨는데 이 부분을 교육 활동에 반영하기 위해 여러 번 수정을 거쳤다. 궁극적으로는 부모의 즉각적인 피드백도 중요하지만 아이 스스로에게 피드백을 줄 수 있는 활동을 해보는 것으로 결론을 내렸다. 여기서 사용된 구글 도구가 바로 '스크린캐스티파이(Screencastify)'이다. '스크린캐스티파이'는

구글에서 지원하는 무료 영상 녹화프로그램이다. 저용량이지만 고품질의 영상을 쉽고 편리한 조작으로 촬영할 수 있으며 녹화 후 유튜브에 바로 영상을 올릴 수 있다. 그래서 유튜브 채널을 아이들에게 만들어주고 '스크린캐스티파이'로 영어책을 읽는 모습을 영상으로 촬영한 후 자신의 유튜브 채널에 업로드하도록 계획했다. 아이가 스스로 영어를 읽는 자신의 모습을 보면서 더 잘하고 싶은 마음을 이끌어내어 학습 동기에 반영하는 것이 핵심이었다. 이를 통해 역동적으로 다음 영어 읽기 활동에 보완할 부분을 스스로 수정해 반영할 수 있도록 했다. 다음은 영어 홈스쿨링 교육 활동 과정이다.

엄마표 영어 홈스쿨링 교육 활동

1) 엄마와 함께 영어책 고르기

2) '구글 슬라이드'로 영어책 내용을 정리하기

3) '스크린캐스티파이'로 영어책 읽기 동영상 촬영하기

4) 동영상을 편집해서 유튜브 채널에 업로드하고 함께 보며 피드백하기

5) 쥬디 킴 교수님께 영상을 보여주고 긍정적인 피드백 받기

6) '구글 폼즈'와 '카훗'을 활용해 퀴즈 풀며 피드백하기

7) 영어 읽기의 부족한 부분을 보완해 다음 동영상 촬영에 반영하기

엄마표 영어 홈스쿨링을 시작하기 위해서는 먼저 짧은 영어책을 선택해야 했다. 초등학교 1학년과 3학년인 우리 아이들에게 아주 익

숙하고 간단한 영어책을 선별했고 그중 아이가 직접 고른 책을 바탕으로 '구글 슬라이드'를 이용해 발표 자료를 만들고 편안하게 놀이 영상을 찍듯이 동영상을 촬영했다. 영상 앞부분에 책을 읽기 전 책소개를 하는 부분이 있는데 처음에는 엄마가 먼저 소리 내서 읽고 아이들에게 읽어보게 했고 한 번 더 읽어준 후 한 문장씩 따라서 읽어보게 했다. 그 후 카메라 앞에서 책을 읽어보게 했다. 별다른 설명을 하지 않은 상태로 몇 번 읽어준 것뿐이었지만 마치 유튜브 크리에이터가 진행하는 것처럼 등장인물 소개를 아주 자연스럽게 했다. 아이들은 컴퓨터 앞에서 혼자 책을 읽었지만 화면 속에 책을 읽는 자신의 모습이 보이니 마치 여러 사람 앞에서 책을 읽고 있는 것 같아 긴장된다고 말했다. 구글 툴을 잘 활용하면 다른 사람들 앞에서 스피치할 때의 발표력도 같이 향상되겠구나 하는 생각이 들었다. 책을 읽는데 걸리는 시간은 1분 48초 정도였다. 물론, 아주 천천히 간혹 잘못 읽는 단어들도 있었다. 촬영 후 아이들이 책을 읽으면서 어려움을 느낀 단어와 발음에 대해서는 간단한 설명을 해주었으며 아이들이 찍힌 동영상을 예쁘게 편집해 유튜브에 업로드한 후 TV로 보여주었다. 아이들은 처음에 자신이 TV에 나온다는 것에 마냥 신기해했다. 그러고 나서 스스로 반복해서 동영상을 시청하면서 본인의 모습을 모니터링하기 시작했다. 그리고 긴장했던 모습은 어디 갔는지 사라졌고 이제는 "다음 영상을 찍을 때 이렇게 얘기해야지?" 하는 여유로움도 보여줬다. 서로가 틀리게 발음한 영어 단어를 모니터링하기도 했다.

　책을 읽은 지 4일이 지났다. 그런데 놀라운 변화가 일어나기 시작했다. 매일 영어 읽기 활동을 했지만 아주 짧은 시간 동안 읽은 것이어서 크게 기대하지는 않았었다. 그러다 무심코 책 읽는 모습을 옆에서 지켜보니 처음보다 표정이나 말의 표현이 아주 자연스러워졌고 보다 자신감 있게 표현하는 등 처음과 눈에 띄게 달라졌다. 그리고 책의 내용을 한 줄씩 읽고 "최고!! 아주 잘 읽었어요!" 하는 쥬디 킴 교수님의 칭찬을 들을 때마다 아이들은 자기가 해냈다는 성취감과 동시에 뿌듯함을 느끼며 흐뭇해했다. 책 읽는 동영상을 매회 찍을 때마다 영상 촬영을 어떻게 진행할지에 대한 생각을 해놓은 듯 아이들은 자신감이 넘쳐 보였고 동영상을 보는 다른 아이들에게 하루에 2개의 단어를 가르쳐줄 것이라며 조그마한 화이트보드를 가지고와서 단어를 한 글자 한 글자 쓰는 모습은 마치 꼬마 선생님을 연상하게 했다. 선생님처럼 수업 계획표를 짜는 것은 아니지만 수업 진행의 흐름을 먼저 생각하고 동영상을 찍는 모습을 보니 그동안 아이들의 영어 교육에 대해 걱정했던 내 모든 고민들이 너무 부질없게 여겨졌다. 예전에 아이들에게 영어책을 한번 읽히려면 항상 아이들이 원하는 걸 들어주거나 기분을 아주 좋게 해준 후 "영어책 한 권 읽어볼까?"라고 말했었는데 이제는 아침에 일어나서 아이 스스로 "오늘도 책 읽는 영상 찍고 싶어요!"라고 말하는 자기 주도적인 모습을 볼 수 있었다. 그리고 무엇보다도 아이에게 스트레스를 받지 않고도 할 수 있다는 긍정적인 자신감을 심어줄 수 있게 되어서 좋았다. 문득 학교 선생님들과 학부모가 디지털 도구를 가지고 서로 협업을 한다면 지금 코로나로 인해 발생하는 아이들의 '학습 결손' 또한 막을 수 있지 않을까 하는 생각이 들었다.

어느덧 8번째 수업을 진행하다 보니 이제는 아이들이 혼자서 크롬을 실행한 후 드라이브로 가서 책으로 만들어놓은 구글 슬라이드를 찾아서 열고, 스크린캐스티파이를 설정하고 스스로 녹화를 할 줄 알게 되었다. 어느 정도 학습 활동 절차에 대해서 익숙해진 것 같았다. 그래서 이제는 피드백에 중점을 두기로 했다. 구글 폼즈를 이용해 퀴즈를 만들어 아이들에게 문제를 냈다. 아이들은 퀴즈를 보자마자 바로 어려움 없이 문제를 풀기 시작했다. 두 번째 피드백 활동으로는 책을 읽을 때 질문하면서 얼마나 이해했는지를 점검해보는 활동을 했다. 아이들에게 영어로 질문을 했을 때 아이들은 바로 답하지 못했다. 그래서 다시 한국어로 질문을 하면서 아이들의 이해도를 점검했다.

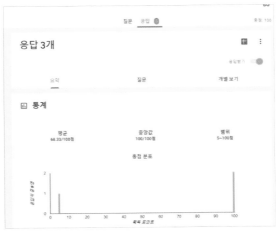

아이들의 호응도가 높아 새로운 퀴즈를 만들어보려고 생각하던 중 이번에는 '카훗(Kahoot)'이라는 앱을 이용해 퀴즈를 내보았다. 카훗은 여러 명이 동시에 즐길 수 있는 퀴즈를 만드는 애플리케이션이다. 이 애플리케이션의 특징은 퀴즈에 참가한 전원이 문제를 풀 때마다 5~20초의 시간 제한이 있어서 만약 문제에 집중하지 못해 문제를 풀지 못하고 넘어가면 그 문제는 틀린 문제로 간주되고 넘어간다. 또한, 문제가 끝날 때마다 순위를 바로바로 알려주기 때문에 문제에 집중을 안 할 수 없고 누구의 순위가 올라가는지 바로 확인이 가능해 좀 더 긴장감과 스릴을 줄 수 있다.

아이들의 반응은 예상대로 매우 좋았다. 5초~20초의 시간 제한이 있기 때문에 집중하고 풀어야 하는데 아이들은 문제를 보자마자 바로바로 게임을 하듯 정답을 찾았다. 집에 시험을 볼 때와는 정말 다른 반응이었다. 시험이 구글 툴과 만나 퀴즈로 바뀌면서 문제를 틀려

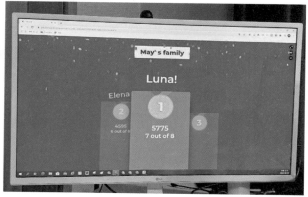

도 좌절하지 않고 왜 틀렸을까 하는 생각을 더 많이 하게 되는 모습을 관찰할 수 있었다.

학습 활동이 계속 진행되고, 이제는 외워서 읽고 그것을 한국말로 설명할 수 있을 정도로 익숙해졌을 즈음 쥬디 킴 교수님을 직접 화상으로 만나 소통하며 피드백을 제공하기로 했다. 쥬디 킴 교수님은 구글 미트 도구를 활용해 쌍방향 화상으로 지금까지 읽었던 책의 내용에 대해서 테스트를 해주었다. 아이들은 테스트를 하는 동안 자신들이 테스트를 받는지도 모르고 수업이 너무 즐겁고 재미있다며 화상 화면에 나온 교수님을 마치 연예인을 보듯이 좋아했다. 테스트 후 "영상을 찍으면서 어떤 느낌이 들었어요?"라는 질문에 아이들은 "내 동영상을 많은 사람들에게 보여줄 수 있어서 너무 재미있었어요!"라고 답변을 했다. 아이들의 답변을 들으면서 지금 Z세대는 소셜미디어를 통해 다른 사람들에게 정보를 공유하고 같이 성장해나아가려고 하는 것 같다는 생각이 들었다.

스크린캐스티파이를 쓰기 전에는 아이에게 영어책을 수없이 많이 읽어주고, 따라 읽히고, 같이 문제도 풀고 했음에도 반복되는 단어조차도 읽지 못했다. 그러나 자신이 찍은 영상을 보면서 부족한 부분을 아이 스스로 찾는 모습에 엄마이자 구글 트레이너로서 너무나 대견스러웠다. 'GEG 경기'라는 네트워크를 통해 전문가들의 지식과 노하우를 서로 공유하며 정말 많이 배우게 되었다. 특히 학습자를 교육하는 데 있어서 역동적으로 피드백을 주는 것의 중요성과 이런 피드백을 통한 쌍방향 소통이 얼마나 중요한지 내 아이들의 교육을 통해 충분히 느낄 수 있게 되었다. 우리 세대에서는 온라인 학습이나 디지털 도구를 활용한 쌍방향 수업들이 낯설기만 했다. 하지만 앞으로 우리 아이들을 위해서는 다른 엄마들도 함께 디지털 공부를 끊임없이 해야 한다는 생각이 들었다.

수업에 적용된 Tool

스크린캐스티파이

영어 읽기 말하기 강화에 적용한 첫 번째 툴은 '스크린캐스티파이'이다. 아이들에게 구글 드라이브에서 영어로 만들어놓은 구글 슬라이드 파일 위치를 알려주고 스크린캐스티파이를 이용해 스스로 책

녹화 버튼

시간설정

영상 녹화가 끝나면
STOP 버튼 누르기

녹화가 되고 있는
본인의 모습

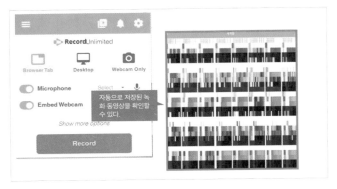

자동으로 저장된 녹화 동영상을 확인할 수 있다.

을 보고 녹화를 할 수 있도록 시간 설정 및 녹화하는 것을 알려준다.

녹화 버튼을 누르면 본인의 모습과 왼쪽에 스톱(Stop) 버튼이 있다. 녹화가 끝나면 왼쪽의 스톱 버튼을 누르면 영상 녹화가 끝나게 된다. 녹화된 동영상은 자동으로 저장된 폴더에서 바로 확인할 수 있으며 동영상을 보면서 자신이 보완해야 하는 점을 아이들 스스로 모니터링할 수 있다.

카훗

간단한 퀴즈를 내는 데 적합한 앱이다. 간단하게 스마트폰을 활용해 어플을 이용하는 경우가 많다. 먼저 'Create'을 누른다. 그리고 퀴즈의 커버 사진을 첨부하도록 한다. 퀴즈의 'Title'과 'Description'을 적고 'Add Question'을 눌러서 질문을 작성한다.

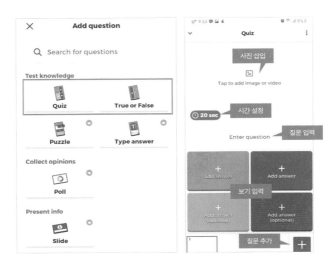

　　질문 작성이 완료되면 퀴즈의 유형을 정한다. 무료로 제공되는 퀴
즈, 참 거짓 중 퀴즈를 선택할 수 있다. 다음으로 퀴즈에 사용할 사진
을 첨부하거나 문제를 작성해 사지선다형으로 작성하고 정답을 체크
한다. 시간(5~20초)을 설정한 후에는 완료 버튼을 클릭한다. 퀴즈를
추가하려면 'Add Question' 버튼을 누르면 된다.

온라인 수업의 모든 것

퀴즈가 완성되면 'Play'를 눌러 2가지 게임 모드 중 하나를 선택한다. 교실에서 학생들에게 사용할 때에는 'Host Live'를 눌러서 실행하도록 한다. 게임이 시작되면 개인 플레이를 할 것인지 팀 플레이를 할 것인지 선택한다.

게임에 참가할 수 있는 코드가 생성되면 학생들에게 코드를 알려주고 입력해 입장하도록 한다. 아이들이 입장하면 선생님 화면에 아이들 이름이 뜨게 된다. 그리고 아이들이 입장을 모두 하면 오른쪽에 'Start' 버튼을 누른다. 아이들이 한 문제를 풀 때마다 문제의 정답과 사람들의 순위가 나오게 된다.

PART 6
저작권법과 미디어 리터러시

1. 원격 교육과 저작권법

저작권법 얼마나 알아야 할까?

코로나19로 인해 다양한 수업 콘텐츠들이 온라인에 게시되면서 자연스레 저작권법에 관한 현장 교사들의 관심이 높아지고 있다. 그래서 저작권에 관한 다양한 안내들이 이루어지고 있는 상황이다. 가장 대표적으로는 "교육부·문화체육관광부, 〈코로나19로 인해 원격 수업을 실시하는 기간 중 수업 목적(고등학교 이하) 저작물 이용 FAQ〉, 2020. 4. 13."이 있다. 사실 개괄적인 내용 및 준수 사항들은 이 문건을 기반으로 이해가 가능하다.

그러나 현실적으로 다양한 콘텐츠 활용 상황에 직면해 형식적인 법의 기준들을 이해하는 데에는 어려움이 따를 수밖에 없다. 특히 수업 콘텐츠의 내용 및 구성 방식에 따라 저작권을 위배하지 않으려면 어떻게 해야 하는지 매번 전문가들에게 문의하기도 어려운 상황이다. 그렇다면 현장에서의 원격 수업과 강의를 위해 얼마나 저작권법에 대해 알아야 하며, 그러기 위해서는 무엇을 찾아봐야 할까?

사실 저작권이라는 것은 일반적인 물건 등에 관한 소유권과는 달리 배타성을 가지는 절대적인 권리라고만 편면적으로 보기 어렵다. 그러니까 본질적으로 공유와 활용이 전제되어 있는 권리라고 할 수 있다. 특히 교육 분야의 경우에는 인류가 이제까지 축적해온 지식 정보를 활용해 학생들에게 전수하는 것이라고도 볼 수 있기 때문에, 교육을 목적으로 한 저작물 또는 콘텐츠 활용은 비교적 자유롭다고 보는 것이 맞다. 따라서 본질적으로는 교사 자신이 활용하는 콘텐츠를 제작한 사람이 타인이라면 그의 이익이 침해되지 않기만 하면 된다는 것이 대원칙이라고 보면 된다.

사실 이와 같은 대원칙을 제외하고 저작권법의 모든 조문들을 교사 입장에서 이해하는 것은 그다지 용이하지 않을 뿐만 아니라 불필요한 일이다. 더욱이 저작권법은 법률 실무에 종사하는 전문가들의 입장에서도 해석이 갈리는 측면이 많다는 점에서 교사가 그러한 논란의 세세한 부분까지 이해할 필요는 없을 것으로 보인다. 그저 중요한 것은 논란의 여지를 벗어나기 위한 기초적인 지식만 있으면 되고, 이외의 부분은 그러한 기초적인 지식에 입각해 다양한 사례를 경험해보는 것이다.

그런데 대체적으로 교사들에게 제시되어 있는 저작권 관련 자료들은 법적 근거보다는 그러한 법적 근거의 해석 결과를 알기 쉬운 형태로 제공하고 있다. 이 글의 모두에 언급한 교육부·문화체육관광부의 FAQ 자료가 그러한 것에 해당된다. 즉 현장에서 교사들이 접하게 되는 매우 개별적이고 현실적인 상황을 전제로 그에 대한 대응 방안을 제시하고 있는 것이다. 물론 그러한 접근 방식이 편리하고 유용한 것이 사실이지만, 반면 그러한 자료에서 제시하고 있는 예시 사례(상황)를 벗어나면 판단 기준이 모호해진다. 결국 새롭게 발생하는 사안에 있어서의 판단은 또다시 미궁 속으로 빠져든다.

그래서 이 글에서는 교육 목적의 콘텐츠 활용에 관한 저작권 사안에 있어, 그 이면에 명확하게 자리 잡고 있는 법률 규정은 어떤 내용을 담고 있는지를 간략하게 소개하도록 한다. 즉 저작권법과 같은 법률의 규정들은 모호한 상황에 대한 직접적인 해답을 주는 것은 아니지만, 최소한 상식적인 판단을 하기 위한 토대를 확인하는 데 기여하고자 한다. 그 이상의 세부적인 부분은 사실 매우 논쟁적인 경우가 많고, 그래서 결국 중요한 것은 법적 근거를 가지는 교사의 상식적인 판단이 중요하게 여겨지는 것이다. 이러한 법적 근거를 가지는 상식적인 판단은 결국 교사들의 법적 리터러시 역량에 해당하는 것이라고 볼 수 있다.

저작권법 체계의 이해

대한민국의 법은 적용상 우선순위가 있다. 헌법, 법률, 하위법령

(시행령, 시행규칙) 등의 순서가 그것이다. 그러니까 법률은 헌법에 위배되어서는 안 되고, 하위법령은 법률에 위배되는 내용을 담고 있어서는 안 된다. 이를 전제로 우선 저작권법과 관련한 헌법 규정을 살펴보자.

> 제22조 ①모든 국민은 학문과 예술의 자유를 가진다.
> ②저작자·발명가·과학기술자와 예술가의 권리는 법률로써 보호한다.

그러니까 우리 헌법은 저작권에 관해 그 자체가 재산권이라는 측면을 넘어서서, 학문과 예술의 자유를 보호하기 위한 저작자 권리 보호라는 측면에서 접근하고 있다. 물론 이러한 저작자의 권리는 재산권의 형태로 보호될 수도 있고 그렇지 않을 수도 있다. 이중 재산권과 유사한 방식으로 저작자의 권리를 보호하고자 하는 법률이 바로 '저작권법'이다.

그런데 이러한 저작권법은 단순히 저작자의 권리 보호만을 강조하지 않는다. 동법 제1조는 이 법의 목적에 대해서 기술하고 있다. "이 법은 저작자의 권리와 이에 인접하는 권리를 보호하고 저작물의 공정한 이용을 도모함으로써 문화 및 관련 산업의 향상 발전에 이바지함을 목적으로 한다." 여기에서 파악할 수 있는 바와 같이, 저작자의 권리 등을 보호하는 것에 더해, (공정한) 이용을 도모한다는 목적을 비슷한 수준에서 강조하고 있음을 확인할 수 있으며, 이 점은 우리가 저작권에 관해 생각할 때 항상 염두에 두어야 하는 부분이다.

그렇다면 교육 목적으로 저작물을 이용하기 위해서 준수해야 하는 법률(저작권법) 규정에는 어떠한 것들이 있을까? 우선 통상적으로 저작물을 이용하기 위한 기본은 출처를 명시적으로 표기해야 한다는 점이다. 이에 관해서는 저작권법에 다음과 같이 규정되어 있다.

> 제37조(출처의 명시) ①이 관에 따라 저작물을 이용하는 자는 그 출처를 명시해야 한다. 다만, 제26조, 제29조부터 제32조까지, 제34조 및 제35조의 2부터 제35조의 4까지의 경우에는 그러하지 아니하다.
> ②출처의 명시는 저작물의 이용 상황에 따라 합리적이라고 인정되는 방법으로 해야 하며, 저작자의 실명 또는 이명이 표시된 저작물인 경우에는 그 실명 또는 이명을 명시해야 한다.

위 규정에서 확인할 수 있듯 저작권법은 저작물 이용에 있어서는 그 출처를 명시해야 한다고 규정하고 있으며, 이를 위반하는 경우 저작권법 제138조에 근거해 500만 원 이하의 벌금에 처해진다. 그리고 이러한 출처 표기의 방식은 관련 분야에서 이용된다고 합리적으로 여겨지는 방식에 의하면 된다. 그러니까 통상적으로 논문 인용 방식 등을 따르거나, 콘텐츠 구독자들이 출처를 추적할 수 있는 방식이면 될 것이다.

이러한 기본적인 출처 표기를 바탕으로, 학교 교육을 목적으로 한 저작물의 이용에 관한 직접적인 규정 또한 존재한다. 저작권법 제25조가 그것이다. 교육 분야에서의 콘텐츠 활용은 일반적인 영역에서의 그것에 비해 법적 규제가 완화되어 있다는 점은 앞서 언급한 바와 같다. 이에 관해 필수적인 규정들을 인용해보면 다음과 같다.

제25조(학교 교육 목적 등에의 이용) ①고등학교 및 이에 준하는 학교 이하의 학교의 교육 목적상 필요한 교과용 도서에는 공표된 저작물을 게재할 수 있다.

②교과용 도서를 발행한 자는 교과용 도서를 본래의 목적으로 이용하기 위해 필요한 한도 내에서 제1항에 따라 교과용 도서에 게재한 저작물을 복제·배포·공중 송신할 수 있다.

③다음 각 호의 어느 하나에 해당하는 학교 또는 교육 기관이 수업 목적으로 이용하는 경우에는 공표된 저작물의 일부분을 복제·배포·공연 전시 또는 공중 송신(이하 이 조에서 '복제 등'이라 한다)할 수 있다. 다만, 공표된 저작물의 성질이나 그 이용의 목적 및 형태 등에 비추어 해당 저작물의 전부를 복제 등을 하는 것이 부득이한 경우에는 전부 복제 등을 할 수 있다.

1. 특별법에 따라 설립된 학교

2. 〈유아교육법〉, 〈초중등교육법〉 또는 〈고등교육법〉에 따른 학교

3. 국가나 지방자치단체가 운영하는 교육 기관

④국가나 지방자치단체에 소속되어 제3항 각 호의 학교 또는 교육 기

관의 수업을 지원하는 기관(이하 '수업 지원 기관'이라 한다)은 수업 지원을 위해 필요한 경우에는 공표된 저작물의 일부분을 복제 등을 할 수 있다. 다만, 공표된 저작물의 성질이나 그 이용의 목적 및 형태 등에 비추어 해당 저작물의 전부를 복제 등을 하는 것이 부득이한 경우에는 전부 복제 등을 할 수 있다.

⑤ 제3항 각 호의 학교 또는 교육 기관에서 교육을 받는 자는 수업 목적상 필요하다고 인정되는 경우에는 제3항의 범위 내에서 공표된 저작물을 복제하거나 공중 송신할 수 있다.

⑥제1항부터 제4항까지의 규정에 따라 공표된 저작물을 이용하려는 자는 문화체육관광부장관이 정해 고시하는 기준에 따른 보상금을 해당 저작재산권자에게 지급해야 한다. 다만, 고등학교 및 이에 준하는 학교 이하의 학교에서 복제 등을 하는 경우에는 보상금을 지급하지 아니한다.

⑫제2항부터 제4항까지의 규정에 따라 교과용 도서를 발행한 자, 학교·교육 기관 및 수업 지원 기관이 저작물을 공중 송신하는 경우에는 저작권 그 밖에 이 법에 의해 보호되는 권리의 침해를 방지하기 위해 복제 방지 조치 등 대통령령으로 정하는 필요한 조치를 해야 한다.

우선 위 규정에서 확인할 수 있는 바와 같이, 학교 또는 교육 기관이 수업 목적으로 이용하는 경우에는 '공표된' 저작물의 '일부분'을 복제 등을 통해 활용할 수 있다. 여기서 중요한 것은 공표된 저작물의 전부가 아니라 일부분을 복제해 활용할 수 있다는 점이다. 물론 전부를 복제하는 것이 불가피한 경우에는 전부를 복제해 활용할 수도 있다(제3항). 그래서 이 지점에서 모호한 해석 문제가 발생한다. 일부분은 과연 어느 정도의 범위를 말하는 것인가? 그리고 불가피한 경우는 어떤 경우를 말하는 것인가?

사실 이에 대한 명확한 기준이 있는 것은 아니다. 간혹 자료에 따라서는 어문 저작물 10%, 음원 저작물 20%, 영상 저작물 20% 등의 기준((사)한국복제전송저작권협회, 2015. 6)을 제시하는 경우도 있으나, 이는 명확한 법적 근거가 있는 것은 아니고 합리적인 판단 기준의 일환일 뿐이다. 결국 중요한 것은 특정 분량의 저작물 이용이 원저작자의 이익을 본질적으로 훼손하게 되는 것인지 여부라고 할 것이다. 그래서 매우 맥락적이고 어려운 판단 요인이 이 지점에 존재한다. 다만 이 지점에서 이해할 수 있는 것은 교육 목적의 저작물 이용은 비교적 자유로운 측면이 있다는 점이다.

또한 위 규정에서 확인할 수 있듯, 고등학교 이하의 교육 기관들에 있어서는 공표된 저작물의 복제 등의 활용에 있어 보상금을 지급할 의무가 존재하지 않는다. 즉 공표된 저작물을 이용하려는 자는 문화체육관광부장관이 정해 고시하는 기준에 따른 보상금을 해당 저작재산권자에게 지급해야 하는데, 여기서 유·초·중등 교육 기관은 제외되는 것이다(제6항). 결국 이에 따르면 대학과 같은 교육 기관들은 보상금 지급 의무가 있다는 점에서 다른 단위의 교육 기관들과 차별성을 가진다는 점을 확인할 수 있다.

보다 궁극적으로 현재와 같은 비대면 교육 상황에서 빈번히 활용되는 규정은 앞에 언급되어 있는 저작권법 제25조 제12항이다. 즉 "교과용 도서를 발행한 자, 학교·교육 기관 및 수업 지원 기관이 저작물을 공중 송신하는 경우에는 저작권 그 밖에 이 법에 의해 보호되는 권리의 침해를 방지하기 위해 복제 방지 조치 등 대통령령으로 정하는 필요한 조치를 해야 한다"고 규정하고 있다. 즉 교육 콘텐츠를 학생들과 공유하기 위해 온라인에 이를 업로드하게 되는 경우에는 저작권자의 권리 침해를 방지하기 위한 복제 방지 조치 등을 이행해야 한다고 정하고 있는 것이다. 그리고 이러한 조치의 세부적인 사항은 대통령령에 위임되어 있다. 결과적으로 초등 및 중등 교육 현장에서의 공표된 저작물의 활용은 비교적 자유롭지만, 최소한 대통령령에 정하고 있는 복제 방지 조치를 준수해야 한다. 그러니까 상대적으로 자유로운 교육 관련 저작물 이용에 관한 최소한의 의무 사항으로 이해하면 될 것이다.

이러한 복제 방지 조치에 대해서는 대통령령인 저작권법 시행령 제9조에서 규정하고 있다.

제9조(교육 기관의 복제 방지 조치 등 필요한 조치) 법 제25조 제12항에서 "복제 방지 조치 등 대통령령으로 정하는 필요한 조치"란 다음 각 호의 조치를 말한다.

1. 불법 이용을 방지하기 위해 필요한 다음 각 목에 해당하는 기술적 조치

가. 전송하는 저작물을 수업을 받는 자 외에는 이용할 수 없도록 하는 접근 제한 조치

나. 전송하는 저작물을 수업을 받는 자 외에는 복제할 수 없도록 하는 복제 방지 조치

2. 저작물에 저작권 보호 관련 경고 문구의 표시

3. 전송과 관련한 보상금을 산정하기 위한 장치의 설치

초중등 교육 기관의 입장에서 보자면, 공표된 저작물을 교육 목적으로 활용하는 경우 별도의 보상금 지급의 필요성(3호)이 없기 때문에, 위 규정의 1호와 2호의 조치를 취하면 공표된 저작물의 공중 송신이 가능한 것으로 해석할 수 있겠다.

1호 가목에 해당하는 접근 제한 조치의 경우에는 각 교육 기관들이 활용하는 통상적인 LMS 정도면 족하다. 통상적으로 활용되고 있는 e-학습터, 하이클래스 등 기관 외부인들이 로그인할 수 없는 시스템이라면 이러한 접근 제한 조치를 이행한 것으로 볼 수 있다. 또한 1호 나목의 복제 방지 조치는 통상적으로 관련 콘텐츠를 이용자(학생)들이 복제하는 행위를 방지할 수 있도록 우클릭 방지 및 다운로드 제한 조치가 이루어지면 되는 것으로 해석된다. 예를 들어, 구글 드라이브의 파일을 링크를 통해 공유하게 된다면 다운로드가 불가능하도록 권한 설정(뷰어 권한)을 하는 방식이 가능하다.

그리고 가장 중요한 것은 업로드된 강의 및 교육 콘텐츠를 활용하

는 학생들이 업로드된 수업 콘텐츠들을 캡쳐 및 복제해 외부로 유출하는 경우이다. 이렇게 유출된 콘텐츠는 대부분 교육 목적으로 활용되는 것이 아니기 때문에 저작권법상 문제가 될 수 있다. 따라서 당연히 학생들에게 이 점을 유의토록 하는 문구를 제시할 필요가 있다. 이에 관해 위 규정은 주의 문구를 제시토록 하고 있다(3호). 그러나 구체적인 문구 내용을 제시하지 않고 있어, 저작권 보호가 필요하다는 점을 명기하면 될 것으로 보인다. 따라서 예시 경고 문구를 제시해본다. 다음의 주의 문구들을 취사 선택해 수업 콘텐츠에 표기해 활용하면 되겠다.

(예시1) 본 수업 자료는 저작권법 제25조 2항에 따라 학교 수업을 목적으로 이용되었으므로, 본 수업 자료를 외부에 공개, 게시하는 것을 금지하며, 이를 위반하는 경우 저작권 침해로서 관련법에 따라 처벌될 수 있습니다.

(예시 2) 본 강의(수업) 자료는 ○○○○학교 학생들을 위해 수업 목적으로 제작·게시된 것이므로 수업 목적 외 용도로 사용할 수 없으며, 다른 사람들과 공유할 수 없습니다. 위반에 따른 법적 책임은 행위자 본인에게 있습니다.

저작권법 리터러시 역량

최근 리터러시라는 용어가 유행처럼 활용되고 있다. 그런 의미에서 이러한 용어를 재차 활용하는 데에는 다소 주저함이 있는 것이 사실이지만, 달리 생각해보면 현대 사회가 새로운 리터러시 역량을 요구하고 있는 측면이 있음을 부정할 수 없는 상황이다.

리터러시라는 용어가 강화되는 이유는 바로 현대 사회의 불확정성(Indeterminacy) 때문이라고 할 수 있다. 기술 및 환경의 급격한 변화는 과거와 같이 획일적이고 형식적인 기준 등에 관한 지식만으로는 다양하게 발생하는 역기능에 효과적으로 대응하는 데에 한계가 있다. 따라서 관련 맥락을 이해하고 그러한 맥락에 맞는 판단을 할 수 있는 역량에 관한 교육이 필수적으로 요구되고 있다.

이러한 논의 맥락은 저작권법과 관련해서도 동일하게 언급될 수 있다. 과거와 같이 정보의 소통이 희박하던 상황에서는 굳이 저작권 문제를 신경 쓰지 않거나, 신경 쓰더라도 형식적인 법적 기준을 명확하게 설정하고 이를 준수하기만 하면 그만이었다. 그러나 과거에는 상상할 수 없을 정도의 규모와 속도를 가지는 네트워크와 플랫폼의 출현은 쉽게 예측할 수 없는 정보 이용 환경을 만들어냈고, 이에 따라 과거와 같이 형식적인 법적 기준 설정으로는 효과적으로 대응할 수 없는 상황을 연출하고 있다. 결국 효과적으로 저작권 문제에 대응하기 위해서는, 저작권 및 관련 법률이 가지는 취지를 명확하게 이해하고, 그 근간이 되는 규정들을 상황에 맞게 해석 및 활용하는 것이 중요한 상황이다.

비대면 또는 언택트 사회가 강조되는 현재 상황에서 정보 및 콘텐츠의 소통은 과거보다 늘어날 테고, 이에 따라 저작권 관련 법적 분쟁도 증가할 것으로 보인다. 그나마 다행인 것은 교육을 목적으로 한 저작물의 활용은 그나마 규제가 덜하다는 점이다. 따라서 기초적인 의무 사항들만 제대로 이해한다면 보다 원활한 콘텐츠의 활용이 가능할 것으로 보인다. 그러나 여전히 해석이 모호한 영역은 존재할 수밖에 없는 상황이어서, 이제껏 현장 교사들이 그래왔듯 다양한 경험들을 공유하고 소통하면서 상호 저작권법 리터러시 역량을 제고할 수 있는 기회를 확대해야 할 것이다.

2. 온라인 원격 수업이 제기한 미디어 리터러시 교육의 필요성과 중요성

원격 수업이 불러일으킨 미디어 리터러시에 대한 관심

미디어 리터러시는 미디어에 대한 이해력, 미디어 정보와 콘텐츠에 대한 비판적 분석, 이를 바탕으로 한 미디어 제작과 소통 능력 및 태도를 뜻한다(정현선 외, 2018). 미디어 리터러시라는 용어는 1990년대 후반 이후 본격적으로 사용되기 시작했으며, 인쇄 매체와 비인쇄 매체를 포함한 모든 미디어 메시지에 대한 체계적 접근, 비판적 이해와 창조를 강조하는 용어로 자리 잡았다. 그러나 미디어 리터러시의 목표와 핵심 가치가 일반인들에게 보다 가깝게 와닿게 된 것은 소셜 미디어와 유튜브 등 누구나 쉽게 스마트폰 등의 모바일 미디어를 통해 정보와 커뮤니케이션, 콘텐츠를 활용할 수 있게 되면서였다(김아미, 2015). 우리가 일상적으로 정보를 얻고 의사소통을 하고 흥미로운 콘텐츠를 공유하는 과정에서 미디어가 어떻게 작동해 영향을 미치는

가에 대한 비판적 이해가 중요하게 제기되었기 때문이다.

그럼에도 불구하고 많은 교사들은 미디어 리터러시를 학생들에게 가르칠 필요성에 대해 혼란을 겪어왔다. 아직까지 우리나라의 학교 교육 과정에서는 미디어 리터러시가 핵심적인 용어로 제시되어 있지 않고, 독립된 과목으로 성취 기준을 구성하고 있지도 않기 때문이다. 실제로 학교 현장의 많은 교사들은 '미디어 활용 교육', 즉 미디어를 활용해 다른 내용을 가르치는 것과 '미디어 리터러시 교육', 즉 미디어에 대한 이해와 활용을 내용으로 삼는 것을 혼동하는 경우가 많다 (정현선 외, 2018). 그러나 과학에 대해 가르치는 것이 과학 교육이지, 과학적 지식을 활용해 다른 것을 가르치는 것이 과학 교육이 아닌 것처럼, 미디어 리터러시 교육은 미디어에 대한 이해를 목적으로 하는 교육이다. 안타깝지만 학교 교육 과정에 미디어에 대한 이해가 중요하게 제시되지 않은 상황에서, 많은 교사들은 미디어를 활용해 다른 것을 가르치는 교육을 미디어 리터러시 교육과 혼동하고 있는 경우가 많다.

그러나 코로나19가 야기한 팬데믹은 미디어 리터러시에 대한 인식에 대해서도 변화를 가져오게 되었다. 교실에서의 대면 수업이 제한되면서 온라인 원격 수업은 새로운 '노멀'로 자리 잡게 되었고, 학교 현장은 온라인 공간을 새로운 '교실'로 받아들일 수밖에 없는 상황이 되었으며, 온라인 '교실'에서 정보가 교환되고 커뮤니케이션이 이루어지고 관계가 형성되는 방식에 미디어에 대한 이해가 중요해졌기 때문이다. 이러한 상황 속에서 그간 추상적이고 자신이 관심을 가질 사안이 아닌 것으로 여겼던 미디어 리터러시에 대해 새롭게 관심을 갖는 교사들이 많아졌다.

미디어 리터러시가 중요해진 이유

원격 수업 초기에는 많은 교사들이 영상 촬영과 편집, 실시간 화상 수업 방법 등에 대해 어떤 장비가 필요하고 어떻게 이를 사용해야 하는지 등에 있어 어려움을 겪은 것이 사실이다. 그래서 원격 수업 초기에는 이러한 디지털 기술의 활용 측면에 많은 논의가 집중되는 것처럼 보였다. 당장 온라인 수업을 하기 위해서는 영상 제작을 위한 촬영·편집·탑재 같은 미디어 기술을 익히는 데 관심을 가질 수밖에 없었기 때문이다. 또한 학생들에게 온라인 플랫폼을 통해 학생들의 출석과 학습 진도를 확인하고 학생들의 과제를 확인하는 새로운 업무를 수행하기 위해 기본적인 디지털 기술 활용 능력이 요구되는 상황이 되면서 교사는 디지털 기술 활용 능력을 익혀야 했다.

그러나 초기에 제기되었던 혼란에 비해, 막상 기술적인 활용 자체에 대해서는 예상보다 많은 교사들이 신속하게 적응하기 시작했다. 사실 지난 10여 년간 학교 현장에서는 디지털 교과서 정책, 스마트 교육 정책, 소프트웨어 교육 정책 등을 추진하며 연구학교 운영, 선도교사 양성 등의 노력을 기울여왔다. 구글, 마이크로소프트 등 글로벌 에듀테크 기업에서도 자사의 기술을 활용해 교육을 하는 인플루언서 교사와 교육자들을 적극 양성하고 지원해왔다. 이러한 국가 혹은 기업의 프로그램에 참여해 디지털 기술에 익숙하게 된 교사들은 코로나19의 위기 상황에서 그간 익혀온 화상 회의 경험, 유튜브 활용 능력 등을 십분 발휘해 다른 교사들을 지원하기 시작했다. 최신 기술을 활용한 교육 방법에 익숙한 교사들이 동료 교사들을 지원하기 위해 자발적으로 콘텐츠를 만들고 소셜미디어를 운영하며 디지털 플랫폼과 기기에 대한 추천, 안내, 설명 등 지원에 나섰다. 또한 학교 밖에서 미디어 교육을 지원해왔던 시청자미디어재단 산하 시청자미디어센터 등에서도 학교와 교사들의 원격 수업을 위한 영상 제작 교육, OBS 활용 스트리밍 방송 방법 등에 대한 연수에 나서면서, 학교와 교사들이 원격 수업을 위한 기초적인 기술 역량을 갖출 수 있도록 지원했다.

시간이 지나면서, 영상 제작 기술을 갖추고 있고 원격 화상 수업을 위한 기술적인 어려움이 크지 않은 교사들조차도 온라인 원격 수업에 대한 두려움이나 거부감이 없지는 않다는 사실이 부각되기 시작했다. 전통적인 대면 상황의 교실 수업 방식이 익숙해서일 수도 있지만, 온라인 공간에 전면적으로 들어가 수업을 하는 것에 대한 두려움과 걱정이 있었기 때문이다. 이러한 두려움과 걱정은 학생들의 디지털 기기 및 인터넷 이용 환경 등 디지털 격차에 대한 염려, 그리고 디지털 공간에서 수업을 하고 커뮤니케이션을 할 때 과연 그 공간은 건강하고 안전한 디지털 문화가 형성되어 있는 곳인가에 대한 불신 때문이었다고 할 수 있다. 이것은 미디어 리터러시에서 강조하는 '접근' 및 '성찰'과 직결되는 문제이다.

바로 이 지점에서 온라인 원격 수업은 그간 학교 교육 과정에서 소홀하게 다루어졌으나 21세기 핵심 역량으로서 지난 20여 년간 꾸준히 부각되어온 미디어 리터러시의 중요성을 새삼스럽게 돌아보게 만들었다. 많은 교사들은 스스로 이런 질문을 했을 것이다. '학생들은 가정에서 노트북, 웹캠, 마이크 등 디지털 기기를 활용해 인터넷 접속이 원활한 환경에서 수업을 할 수 있을까?' '나는 교육 자료를 만들면서 저작권을 잘 준수하고 있는 것일까?' '학생들은 내가 만든 자료를 이용하거나 다른 학생들과 온라인에서 상호 작용을 할 때, 그 자료나 상호 작용의 결과를 다른 사람의 허락 없이 인터넷에 퍼 나르지 않을까?' '온라인 공간에서 학생들은 교사와 다른 학생들을 존중하며 예의 바르게 말하고 행동할까?' '나는, 그리고 나의 학생들은 온라인 공간에서 안전할까?' '온라인상의 실제적인 자료들을 활용하는 데 있어 정보 판별이 잘 이루어지고 있는 것일까?' '나의 교육 행위는 온라인에서 어떤 평가를 받게 될까?' '내가 한 말과 행동, 그리고 학생들이 한 말과 행동들이 온라인상에서 실제 맥락이 누락된 채 특정 부분만 잘려져 부풀려지고 오해를 받게 되지는 않을까?'

이러한 질문들은 왜 많은 교사들이 스스로의 기술적인 역량을 갖추는 일과는 별개로, 온라인 수업을 불편한 시선으로 바라볼 수밖에 없는지를 이해할 수 있게 해준다. 온라인 원격 수업은 시공간의 제한을 넘어서 사람들을 연결할 수 있다는 점에서 분명 장점이 많다. 그러나 학생의 디지털 기술에 대한 접근성, 안전한 디지털 수업과 문화 환경을 만들기 위한 교사와 학생의 노력, 이를 위한 교사와 학생의 미디어에 대한 이해와 정보 판별 및 활용 능력 등이 뒷받침되지 않는다면, 디지털 플랫폼을 활용한 상호 작용 수업의 장점에 대한 유토피아적 담론은 학생 간 디지털 격차가 학습 격차로 이어지고, 서로가 안전한 미디어 공간 속에서 수업을 할 수 있다는 믿음과 신뢰가 없음으로 인해 온라인 원격 수업은 큰 문제에 봉착하게 될 것이다. 온라인 수업 공간은 그 자체로 디지털 미디어 공간의 일부이기 때문에, 이에 대한 올바른 이해와 비판적인 관점이 필요하다. 즉 미디어에 대한 이해를 바탕으로 한 활용 능력과 참여 태도에 대해 신뢰하지 못하게 되는 상황에서는 도구적인 디지털 기술 활용 수업도 원활하게 이루어질 수 없음을 우리는 암묵적으로 알게 되었다고 할 수 있다.

미디어 리터러시 교육 전문 단체들의 실천

지난 10여 년간 우리나라의 학교 교육에는 디지털 교과서, 스마트 교육, 소프트웨어 교육 등 디지털 기술을 활용한 교육 역량을 강조하는 교육 정책이 이어져왔다. 그러나 한편으로는 디지털 미디어가 우리의 정보 이용, 문화, 환경에 미치는 영향에 대한 비판적 이해를 바탕으로 이를 활용해야 한다는 점을 중요하게 여긴 교사들이 자발적으로 미디어 리터러시 전문성을 기르며 단체를 구성하고 교재를 개발하며 교사 연수를 하는 등 활동을 이어왔다. 미디어 리터러시의 학문적 발전과 더불어 학교 현장의 자발적인 움직임도 커져왔던 것이다.

앞서, 팬데믹 상황에서 앞선 디지털 기술을 가진 교사들이 활발하게 활동하며 다른 교사들에게 디지털 기술 활용 능력을 나누어주었음을 언급했다. 이와 마찬가지로, 미디어 리터러시 차원의 준비가 미비한 상태에서 디지털 미디어 기술을 새로운 '교실' 공간에 전면 도입하게 된 상황에서 동료 교사들에게 도움을 주기 시작한 또 다른 그룹이 있었다. 20년 이상 미디어 리터러시 교육에 관심을 갖고 연구와 교육 활동을 이어온 전국국어교사모임 매체연구회(http://media.naramal.or.kr), 그리고 다양한 학교급과 교과의 경계를 넘어 미디어 리터러시 전문성을 갖춘 교사들이 모여 만든 전국미디어리터러시교사협회(http://katom.me)가 바로 그들이다. 전국국어교사모임 매체연구회는 온라인 원격 수업을 진두지휘하게 된 교육부와 함께 원격 수업에 있어 짚어보아야 할 디지털 미디어의 수업 문화를 미디어 리터러시 관점에서 제시한 '슬기로운 온라인 생활' 지침을 만들어 학교 현장에 배포했다. 또한 전국미디어리터러시교사협회에서는 교육부 및 방송통신위원회와 공동으로 '코로나19 휴업 기간 가정에서 함께 할 수 있는 미디어 리터러시 활동'과 '코로나19 미디어 리터러시 백신 10가지'를 만들어 온라인으로 배포했다.

우선 전국국어교사모임 매체연구회의 '슬기로운 온라인 생활'은 '관계편', '온라인 수업편', '읽기/쓰기편', '디지털 성범죄편'의 4가지 주제로 구성되었다.

관계편에서는 '안전한 온라인 관계 형성을 위한 방법'으로 '타인 존중', '관대한 마음', '규칙 준수', '신중한 친구 맺기', '사생활 보호', '평판 보호', '질문 존중', '올바른 별명 짓기', '악플 대처'를 제시했다. 온라인 '교실'에 들어가 수업을 하기 전에 이해하고 준수해야 할 기초적인 관계 맺기와 커뮤니케이션 태도를 강조한 내용이라 할 수 있다. 기존의 네티켓, 개인 정보 보호, 사이버 폭력 예방 차원에서 교육되었던 내용과 일맥상통하는 것들이 있으나, 온라인 수업 환경에서 반드시 지켜야 할 관계 맺기 역량을 미디어 리터러시 차원에서 제시한 것이다.

온라인 수업편에서는 '온라인 수업을 위한 환경을 만들어요', '온라인 수업에 참여하며 다 함께 지켜요', '저작권 보호를 위해 반드시 지켜요'의 3가지 항목을 제시했다. 구체적인 온라인 수업 환경 준비 사항으로는 되도록 인터넷이 원활한 곳에서 PC, 태블릿, 스마트폰 등을 사용할 것을 제안한 '기기 준비', 주변에 소음이 없는지 확인하고, 가족의 협조를 구해 수업에 집중할 수 있는 환경을 만드는 '소리', 화상 수업을 할 때는 복장을 단정히 하고, 배경을 통해 사생활이 노출되지 않도록 하는 '영상', 수업 전에 온라인 수업 환경을 점검하고 문제 발생 시 선생님께 문의 후 수업에 참여하는 '10분 전 준비' 등을 제시했다. 온라인 수업을 위한 공간도 교실의 연장선상에 있다는 것을 강조하면서, 온라인 '교실'에 입장해 활동하기 위한 기술 환경과 마음 자세를 커뮤니케이션의 관점에서 제안한 것이다.

이 밖에 온라인 수업에 참여하며 다 함께 지켜야 할 것으로, 대리출석 금지, 수업 전후 인사, 화면 끄지 않기, 소리 끄지 않기, 발언권 얻기, 수업에 집중하기, 방해하지 않기, 시간 약속 지키기 등을 제시했고, 저작권 보호를 위한 사항으로는 수업 영상 및 자료를 복제, 배포하거나 내용을 수정하지 않기, 캡처 녹화와 녹음 금지, 아이디와 비밀번호 공유 금지, 수업과 관련 없는 자료, 불법 영상, 타인을 비방하는 글을 공유하거나 게시하지 않기 등을 제시했다. 이러한 내용은

'슬기로운 온라인 생활' 관계편 및 온라인수업편(전국국어교사모임 매체연구회, 2020)

온라인 수업을 위한 관계 맺기, 커뮤니케이션 방법, 공동체 내에서의 태도를 강조한 것이다.

한편, '읽기/쓰기편'에서는 온라인 공간에서 정보를 읽고 생산할 때 지켜야 할 것으로, 이미지 선택, 정확한 단어 사용, 명확한 표현, 간결한 표현, 팩트 체크, 검토하기를 제시했다. 무심코 올린 이미지가 오해를 불러일으킬 수 있으므로 상황에 적합한 이미지를 신중하게 선택해 사용해야 하고, 잘못된 정보로 인해 사람들이 큰 피해를 입을 수 있으므로 자신이 접한 정보를 공유하기 전에 사실 관계를 확인해야 하며, 한번 보낸 메시지는 되돌릴 수 없으므로 게시하거나 공유해도 될 내용인지를 신중하게 생각해야 한다는 점을 강조한 것이다. 일반적인 교실에서도 강조되는 정확한 단어 사용, 명확한 표현, 간결한 표현 등 효율적인 커뮤니케이션을 위한 언어 사용을 강조하면서도, 온라인 교실 공간에서 사용되는 디지털 이미지 자료의 의미 효과에 대해서도 판단하도록 하고, 정보의 사실성 여부에 대한 판단과 더불어 소셜 미디어 환경에서 정보를 공유하기 전에 고려해야 할 것과 신중한 태도의 필요성을 강조했다. 이런 점은 기존에 문자와 인쇄물, 음성 언어 중심의 국어 교육이 다양한 디지털 미디어 텍스트에 대한 이해와 표현, 소통을 다루도록 확장된 상황에서 '읽기/쓰기'의 변화를 모색하고 실천해온 국어교사모임 매체연구회의 그간 연구와 경험을 바탕으로 한 관점이 반영된 것이다.

마지막으로 '디지털 성범죄편'에서는 통신 매체 이용 음란죄와 카

'슬기로운 온라인 생활' 읽기/쓰기편 및 디지털 성범죄편(전국국어교사모임 매체연구회, 2020)

메라 등을 이용한 촬영이 성폭력 범죄의 처벌 등에 관한 특례법에 위반되는 범죄 행위라는 점을 명시적으로 알려주고, 디지털 성범죄 예방 교육 영상 및 디지털 성범죄 피해자 지원센터 등을 안내하는 자료를 제시했다. 구체적인 법 조항을 소개하고 기존에 개발된 자료와 도움을 얻을 수 있는 구체적인 방법을 안내한 것도 디지털 미디어가 원격 수업을 통해 학교 교육의 공식적인 공간으로 자리매김하게 된 현실을 반영한 점에서 매우 시사적이다.

한편, 전국미디어리터러시교사협회에서는 우선 코로나19로 인해 개학이 연기된 상황에서, 새로운 학년을 맞이하게 된 시기에 가정학습을 진행하게 된 가족들이 가정에서 함께할 수 있는 미디어 리터러시 활동을 안내하는 자료를 만들어 배포했다. 코로나19 진행 과정에 따라 사람들이 겪을 수 있는 심리 변화에 주목하면서 주변 사람들과 자신의 마음에 대해 이야기하는 활동, 공중 보건과 의료 지원을 위해 노력하는 분들에 대한 기사를 찾아보고 이를 공유하거나 격려하는 댓글을 달아보는 활동, 사재기 금지, 공중 보건, 혐오 표현 지양 등 코로나19 상황에서 사회를 건강하게 만들 수 있는 사회적 메시지를 담아 공익광고를 만들어보는 활동, 코로나19 관련 뉴스를 읽고 팩트 체크하기, 다양한 뉴스들의 관점을 비교해보고 차이가 나는 이유를 생각해보는 활동, 공중 보건 관련 정보의 출처를 살펴보고 비판적으로 읽어보는 활동, 코로나19에 대한 유튜버들의 말을 비교하고 근거를 확인해보는 활동 등을 제시했다. 이러한 미디어 리터러시 활동은 특정한 교과 학습 내용과 직접 관련되는 교육 활동은 아니지만, 온라인 원격 수업이 이루어지게 된 직접적인 원인인 팬데믹 상황에서 삶

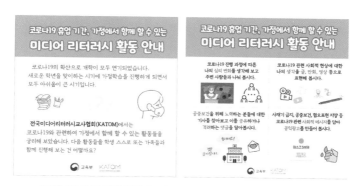

코로나19 휴업 기간 가정에서 할 수 있는 미디어 리터러시 활동 안내
(전국미디어리터러시교사협회·교육부, 2020)

과 직결된 미디어 정보 이용과 공유 과정에 대한 비판적 이해와 성찰을 강조했다는 점에서 의의가 있다.

또한 전국미디어리터러시교사협회에서는 방송통신위원회와 함께 '코로나19 시기를 이겨내는 미디어리터러시 백신 10가지'를 배포했다. 코로나19의 확산으로 어느 때보다 미디어 속 정보에 관심을 더 많이 기울이게 된 시기에, 왜곡된 정보에 흔들리고 불필요한 공포심과 혐오를 조장하는 정보에 과도하게 노출될 수 있으므로, 건강한 미디어 생활을 할 수 있는 미디어 리터러시가 필요하게 되었음을 알리고, 구체적인 실천 지침을 알기 쉽게 제시한 것이다.

그 구체적인 내용은 첫째, 뉴스와 유튜브 등 미디어에서 다루는 정보의 출처가 믿을 수 있는지 확인하기, 둘째, 뉴스나 유튜브 등 미디어 생산자의 특정한 관점이 정보를 왜곡하고 있지 않은지 확인하기, 셋째, 의학 정보는 전문가의 공신력 있는 발언을 토대로 하고 있는지 확인하기, 넷째, 사진, 영상, 그래픽 자료 등이 정확한 내용을 담았는지, 편견을 반영하고 있지 않은지 확인하기, 다섯째, 특정 지역이나 집단에 대한 차별, 폭력을 부추기는 혐오 표현이 반영되어 있지 않은지 확인하기, 여섯째, SNS를 통해 전파되는 부정확한 소문과 거짓 정보를 공유하지 않기, 일곱째, 미디어를 보는 시간을 정해놓고 적절한 휴식 시간을 갖기, 여덟째, 관련 뉴스와 영상을 지나치게 반복해 보면서 불안감을 느끼지 않도록 미디어 이용 조절하기, 아홉째, 전염병, 공중 보건, 심리적 불안 등과 관련된 영화, 책, 웹툰, 다큐멘

터리 감상을 통해 가족들과 함께 생각을 나누는 시간 갖기, 열째, 보건소, 선별진료소 등 정보의 도움을 받을 곳을 구체적으로 알아두고 만일의 경우를 위한 비상연락망 확보하기이다. 이러한 내용은 다음 그림에서 구체적으로 확인할 수 있다.

이 가운데 정보 출처 확인, 미디어 생산자의 관점 확인 등은 미디어 리터러시가 본래 강조하는 바이다. 이러한 미디어 리터러시의 핵

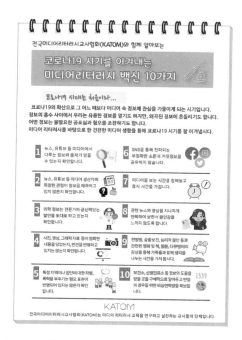

코로나19 시기를 이겨내는 미디어리터러시 백신 10가지
(전국미디어리터러시교사협회, 2020)

심 내용에 덧붙여, 원격 수업을 야기한 감염병 상황에서 유용한 구체적인 지침으로서 과도한 불안감을 느끼지 않도록 뉴스의 반복 시청을 자제하기를 미디어 이용 조절과 연결한 점, 불안을 야기하는 상황 속에서 지식을 통해 불안을 해소하기 위해 다양한 미디어를 통해 생각을 나누는 시간을 확보하고, 구체적인 도움을 받을 수 있는 전문기관의 정보를 알아둘 것을 제안한 점은 미디어 리터러시가 단지 추상적인 사고를 강조하는 것이 아니라 구체적인 삶 속의 실천 지침으로 작용함을 보여준다는 점에서 특히 의미가 있다. 그리고 전국국어교사모임 매체연구회와 전국미디어리터러시교사협회의 미디어 리터러시에 관한 대응은 이제 미디어 리터러시가 이에 대해 관심과 열의를 가진 일부 전문가와 교사들에게만이 아니라 신뢰할 수 있는 정보를 가려내고 제대로 미디어를 통해 정보를 얻고 활용할 수 있는 능력이 감염병 상황이라는 특수한 상황에서 우리 모두에게 필요한 능력과 태도라는 점을 새삼 깨닫게 했음을 여실히 보여준다.

미디어 리터러시를 오랜 기간 옹호하고 관련 교육과 정책을 펼쳐온 한국언론진흥재단에서도 미디어 리터러시 전문가들과 함께 '코로나19 미디어 리터러시 실천 지침'을 발표했다(한국언론진흥재단, 2020). 그 내용은 모두 6가지로, 빠른 정보 대신 정확한 정보를 우선시해 수용해야 한다는 점, 의료 정보와 관련해서는 특히 공식 창구를 통한 정보 활용이 중요하다는 점, 개방적 태도로 정보를 이용하는 열린 자세가 중요하다는 점, 지나친 관심과 정보 이용을 피해 적절한 정보 이용을 해야 한다는 점, 타인의 안전이 곧 나의 안전이므로 공동체의 이익을 고려한 대응이 필요하다는 점, 과학적 사고와 방법으로 감염병을 이겨내는 자세가 필요하다는 점을 강조했다. 이는 앞서 소개한 전국미디어리터러시교사협회가 발표한 내용과 유사한 점이 있으며, 그 이유는 미디어 리터러시가 미디어 정보에 대한 비판적 분석과 활용을 강조하기 때문이다.

미디어 리터러시와 디지털 리터러시의 핵심 개념과 시사점

온라인 원격 수업이 전면 도입되면서, 다양한 에듀테크 기술 활용 능력이 뛰어난 교사들이 디지털 플랫폼과 도구 활용에 익숙하지 않은 교사들에게 다양한 방법으로 도움을 주었던 것처럼, 다양한 미디어 리터러시 전문 단체와 이에 소속된 교사 및 전문가들이 미디어 정보와 콘텐츠를 비판적으로 분석하며 올바로 대응할 수 있는 미디어 리터러시에 대해 알리고 도움을 준 여러 사례를 앞서 소개했다. 다양한 단체에서 제시한 미디어 리터러시 지침의 바탕에는 미디어 리터러시의 핵심 개념과 가치가 깃들어 있다. 이것을 이해하고 실천하는 것이 매우 중요하다.

우선 미디어 리터러시는 미디어에 대한 핵심 개념 중심의 이해를 강조하는데, 그 대표적인 내용은 다음과 같다(MediaSmarts, 2020).

- 미디어는 구성된 것이다.
- 미디어는 상업적 함의를 갖고 있다.
- 미디어는 사회적·정치적 함의를 갖고 있다.
- 시청자는 의미를 도출한다.
- 각각의 미디어는 독특한 미학적 형태를 지니고 있다.

미디어는 누군가가 의도를 갖고 메시지를 구성한 것이기 때문에, 특정한 메시지는 참이고 다른 것은 거짓이 아니라 모든 메시지가 의도를 갖고 구성된 것이다. 따라서 그것을 생산한 이들의 관점과 의도를 이해하려고 노력하는 것이 중요하다. 미디어는 상업적·사회적·정치적 함의를 갖고 있고 영향력을 행사하려 한다는 점을 이해하는 것도 중요하다. 그런데 미디어를 보고 듣는 시청자, 혹은 수용자는 의도된 것과는 다른 방식으로 의미를 이해할 수 있다. 수용자가 처한 상황, 수용자의 성별, 나이, 관심사, 이해관계, 직업 등 다양한 사회적 요인에 따라 미디어의 의미를 달리 해석할 수 있다는 점을 이해하고, 다른 수용자들은 나와 달리 어떻게 같은 미디어를 이해할지를 고려해보는 성찰이 중요하다. 또한 미디어가 지닌 독특한 미학적 형태로 인한 정보 전달과 설득의 효과를 헤아리는 비판적 분석 역시 중요하다.

한편, 미디어 리터러시는 디지털 환경에서 강조되는 디지털 리터러시와도 밀접한 관련을 갖고 있다. 미디어 리터러시 분야의 세계적인 전문 단체 중 하나인 캐나다 미디어스마트(MediaSmarts)에서는 디지털 리터러시에 대한 이해와 실천은 5가지 핵심 개념에 대한 이해를 바탕으로 한다고 제시한다. 미디어스마트의 교육 담당 연구관인 매튜 존슨(Matthew Johnson)은 2019년에 열린 서울 국제 미디어 정보 리터러시 컨퍼런스에서 다음과 같이 발표했다.

첫째, 디지털 미디어는 다양한 미디어로 연결되어 있어, 여러 링크를 따라가다 보면 모든 것과 모든 이들이 다른 모든 이들과 연결된다. 둘째, 디지털 미디어는 공유될 수 있고 그 공유는 영구적이다. 디지털 네트워크에 의해 전송되는 모든 것은 어딘가에 저장되고 검색될 수 있으며, 색인으로 등록되고, 복사되고, 공유되며 확산될 수 있다. 셋째, 디지털 미디어는 예상치 못한 시청자를 가지게 된다. 온라인에서 공유하는 것은 자신이 모르는 시청자를 포함해 의도하지 않은 시청자나 예상하지 못한 사람들에게 공유될 수 있다. 넷째, 디지털 미디어를 통한 상호 작용은 실제적인 효과를 낳을 수 있다. 그러나 온라인에는 사람들이 어떻게 느끼고 있는지를 알려주는 단서가 거의 없다. 다섯째, 디지털 미디어 경험은 우리가 이용하는 도구에 의해 형성된다. 디지털 플랫폼은 플랫폼 제작자의 편견과 신념을 반영하며, 이것들은 우리가 그 플랫폼을 이용할 때 우리의 경험과 행동에 영향을 미친다.

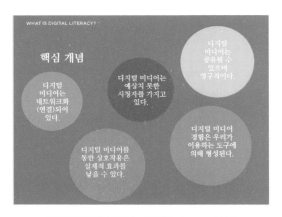

디지털 리터러시의 핵심 개념(Johnson, 2019)

이와 같은 미디어 리터러시와 디지털 리터러시의 핵심 개념은 앞서 소개한 다양한 미디어 리터러시 전문 단체들이 제안한 코로나19 상황을 이겨내기 위한 미디어 리터러시 실천 지침의 근간이라 할 수 있다.

예를 들어, 우리가 디지털 미디어를 통해 어떤 정보를 공유할 때 그것이 신뢰할 만한 것인지 한 번 더 생각해야 하는 이유는 바로 디지털 미디어의 공유가 영구적이기 때문이다. 나중에 잘못된 정보라 생각해서 내가 삭제한다 하더라도 그 정보는 디지털 네트워크의 어딘가에 저장되고 검색될 수 있으며 색인으로 등록된다. 이것은 이미 타인에 의해 공유되고 확산될 수 있는 정보가 되어버린다. 모든 메시지는 의도를 갖고 구성된 것이고, 상업적·사회적·정치적 함의를 지닐 수 있으므로, 그 의도와 영향력에 대한 비판적 사고가 필요하다. 또한 디지털 미디어를 통해 이루어지는 상호 작용은 실제적인 효과를 낳을 수 있으므로, 온라인에서 만나는 사람들의 생각과 느낌을 헤아리려고 노력하며 커뮤니케이션을 할 필요가 있다. 이는 비단 온라인 수업 환경에서만이 아니라, 디지털 미디어 환경을 살아가는 모든 시민들에게 중요하게 대두되고 있는 역량이다.

마지막으로, 앞서 소개한 다양한 미디어 리터러시 단체에서 특별히 강조하지는 않았으나, 온라인 원격 수업에서 우리가 주의 깊게 관심을 가져야 할 점에 대해 논의하며 마무리하고자 한다. 캐나다의 미디어스마트에서는 우리의 디지털 미디어 경험은 우리가 이용하는 구체적인 도구에 의해 형성된다는 점을 강조한다. 이를 온라인 원격 수업에서 우리가 사용하는 다양한 디지털 플랫폼과 도구들의 특성과 연관지어 생각하는 것이 중요하다. 기술적인 업그레이드가 지속적으로 이루어지고 있지만, 현재 온라인 화상 수업을 위해 주로 사용하고 있는 구글 미트나 줌 등은 본래 수업을 위한 도구가 아니라 화상 회의를 위한 도구였다. 화상 회의 도구를 수업용으로 사용하다 보니, 수업 커뮤니케이션의 목적에 적합한 기능이 미처 개발되어 있지 않은 도구들도 있다. 교육 기관의 비용 지출, 교사들의 플랫폼 사용에 대한 연수와 적응 등을 고려할 때 다양한 플랫폼과 도구들을 동시에 다양하게 이용하기 어려운 경우들이 있으나, 가급적 하나의 플랫폼이나 도구에 얽매이지 않고 교사들이 필요한 기능을 적절히 활용하며 수업의 목적에 적합하게 사용하는 것이 필요할 것으로 본다. 그것이 학생들의 커뮤니케이션과 학습의 질에 영향을 미치기 때문이다. 이러한 인식은 온라인 원격 수업을 위해 어떤 디지털 플랫폼과 도구를 활용할 것인지를 결정하는 데 있어 중요한 가치와 근거로 작용할 수 있다.

미디어 리터러시는 학교 교육 과정에서 가르쳐야 할 명시적인 내용으로 반영되어 있지는 않지만, 온라인 원격 수업 상황에서 우리의 삶과 학습의 환경이자 조건으로서 기능하고 있는 미디어에 대한 이해와 이를 바탕으로 한 실천 능력으로서 중요하게 대두되었다. 어린 이들이 처음 학교에 입학해 교실 문을 열고 들어와 자리에 앉고 교과서와 필기구를 활용하는 방법을 배우고, 같은 교실 안에서 학습 공동체를 이루기 위해 수업 내 커뮤니케이션과 행동 방법을 배우는 것처럼, 온라인 '교실'에서 학습하는 학생들과 수업을 하는 교사들 역시 디지털 미디어 환경에 대한 이해를 바탕으로 디지털 미디어가 매개하는 교사와 학생, 학생과 학생, 그리고 학생과 실제 세계 간의 커뮤니케이션에 대한 이해를 바탕으로 수업을 할 필요가 생겨났다. 디지털 미디어 공간은 학교 안과 밖, 수업과 수업 밖의 경계를 짓기가 어려운 공간이다. 그만큼 실제 세계에서 요구되는 커뮤니케이션, 정보 이해와 이용 방법 등이 온라인 교실 공간에서 학습되고 확장될 필요가 있다. 온라인 교실 공간 자체가 실제적인 삶에서 요구되는 디지털 미디어 능력과 태도를 바탕으로 작동해야 한다는 것에 주목해, 미디어 리터러시 교육을 실천해야 할 때이다.

Online Class

PART 7

온라인 수업을 위한 다양한 툴과 앱

1. 로그인 없이 링크만으로 하는
조회와 종례

팀즈 미트

팀즈 미트에는 학생들이 로그인을 하지 않고 링크만 클릭해도 화상에 바로 참여할 수 있는 기능이 있다.

먼저 ①팀의 일반 채널에서 '모임 시작'을 누르고 '지금 모임 시작'을 클릭하도록 한다. 팀즈 미트 화상 모임이 시작되면 ②우측 상단에 점 3개(…)를 누르고 '모임 세부 정보'를 누르도록 한다. ③'Join Mocrosoft Teams Meeting' 위에 마우스 커서를 올려놓고 우클릭을 하면 '링크 복사'를 할 수 있다. ④이 주소를 학생들에게 보내면 된다. 스마트폰, 스마트패드, 노트북, 데스크톱 모두 가능하며 팀즈 앱을 다운로드하지 않아도 바로 화상에 참여할 수 있다.

학생이 링크를 클릭하고 '웹브라우저 참가' 버튼을 누르면 자신의 이름을 입력하고 바로 참가할 수 있다. 교사는 '입장 허용' 버튼을 눌러서 학생들을 화상 모임에 입장시키면 된다.

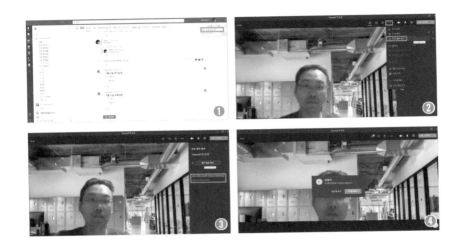

줌

　팀즈와 마찬가지로 학생들이 로그인을 하지 않고 바로 화상으로 접속해 조회 및 종례를 할 수 있다. 먼저 교사와 학생 모두 줌을 설치한 후에 교사는 로그인을 하고 회의를 예약한다. ②와 같이 회의를 생성하고 생성된 아이디와 비밀번호를 학생들 단체 채팅창에 공유해주면 학생들이 회의에 참여할 수 있다. 학생들의 참여 방법은 회의 아이디와 비밀번호를 입력해 입장하는 방법과 단체 채팅창에 공유된 링크 주소를 바로 클릭해 입장하는 방법이 있다. ①은 줌에 접속된 화면, ②회의 예약 생성하기, ③회의 예약된 상태, ④회의 상세 내용 확인 화면이다.

온더라이브(ONTHE'LIVE)

교사가 간단히 회원 가입을 한 후 수업을 개설한다. 그런 다음 개설된 수업 교사의 별칭(사전 설정)과 학생 이름, 사전에 학생들에게 공지한 간단한 비밀번호만 입력하면 학생들이 쉽게 접속할 수 있다. 출석부를 엑셀 파일로 올릴 수 있고 학생들의 접속 현황 및 개별 활동 결과 데이터를 바로 확인할 수 있어서 출석 체크에 매우 편리하다.

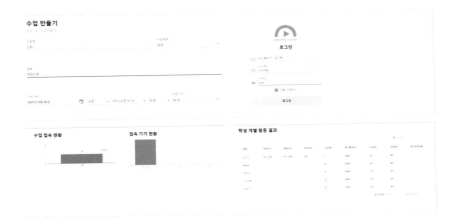

시스코 웹엑스(Cisco Webex)

시스코 웹엑스는 프로그램 설치 후 미팅을 개설해 URL 주소를 단체 채팅창에 공유하면 학생들은 클릭 한 번으로 바로 접속할 수 있다. 학생들이 핸드폰으로 쉽게 접속할 수 있고 카메라의 방향도 바꿀 수 있으며 핸드폰의 다른 창도 공유할 수 있어서 조회뿐만 아니라 수업에 매우 유용할 것으로 보인다.

2. 온라인 수업 출석 체크 방법

구글 미트 출석부

구글 미트 출석부는 구글 미트에서 클릭만으로 구글 스프레드시트에 출석이 자동 기록되는 크롬 확장 프로그램이다. ①구글 검색창에 '크롬 확장 프로그램(크롬 웹 스토어 : https://chrome.google.com/webstore)'을 검색한다. ②크롬 웹 스토어를 클릭하고 왼쪽 검색창에 '구글 미트 출석부'를 검색한다. ③구글 미트 출석부를 클릭한 후, 'Chrome에 추가'를 클릭하면 확장 프로그램이 자동으로 설치된다. ④구글 미트 접속 후 사용자를 클릭하면, ⑤자동으로 접속한 사람들이 확인된다. 자동 확인 후 체크 박스를 클릭하면, 출석이 확인된 구글 스프레드시트 파일이 자동으로 열린다. ⑥구글 드라이브에서 출석이 기록된 구글 스프레드시트를 확인할 수 있다.

구글 클래스룸 질문 기능으로 출석 체크하기

　구글 클래스룸의 기한 설정을 이용해서 시간 제한을 하고 출석 체크에 활용할 수 있다. ①수업에서 만들기 중 질문을 선택한다. ②질문과 안내를 작성하고 기한을 클릭해 기한 날짜 및 시간을 설정해 질문의 시간 제한을 한다. ③학생은 구글 클래스룸에서 시간 제한이 된 내용을 확인할 수 있다. 구글 클래스룸 맨 앞에서 기한을 클릭하면 바로 질문에 응답할 수 있다. ④출석에 체크하고 제출을 누르면 출석이 확인된다.

구글 폼즈로 출석 체크하기

　구글 설문지에 부가 기능(Add-On : 설문지에 기능을 추가하는 앱)을 설치해 시간 제한 기능을 사용해 출석 체크를 할 수 있다. ①왼쪽 상단에 점 3개를 클릭 후 부가 기능을 클릭한다. ②검색창에 '폼리미터(formLimiter)'라고 검색한 후, ③검색된 폼리미터를 클릭한다. 지스위트 계정이라면 도메인 설치를, 개인 계정이라면 개별 설치를 클릭해 앱을 설치한다. ④폼리미터 설치 후 새로 고침을 누르면 아이콘이 생긴다. ⑤폼리미터 아이콘을 누르면 날짜와 시간을 설정할 수 있다. ⑥'Limit Type'에서 'date and time'을 선택한다. 날짜와 시간을 설정하면 설문지 제출 날짜와 시간을 제한할 수 있다. 날짜와 시간 설정 후 'Save and enable'을 클릭하면 시간 제한 설정이 완료된다.

팀즈 인사이트 탭 추가 기능으로 출석 체크하기

팀즈에서 학생들 출결 사항을 확인하기 위해서는 탭에 '인사이트' 앱을 추가하면 된다. 먼저 ①탭 추가 '+' 버튼을 클릭한다. ②'인사이트(Insight)'를 검색해 찾도록 한다. 영어로 검색해야 한다. ③'추가' 버튼을 클릭한다. ④'저장' 버튼을 클릭한다. ⑤탭에 '인사이트' 앱이 추가되면 실행한 뒤 '학생 활동 추적'을 클릭한다. ⑥'인사이트'에서는 학생들이 팀즈에서 어떤 활동을 몇 시간 동안 했는지 어디에서 했는지 알 수 있으며 우측 상단에 '엑셀로 내보내기'를 클릭하면 엑셀 파일로 다운로드할 수 있다.

팀즈 미트에서 참석자 목록 다운로드로 출석 체크하기

팀즈 미트로 화상 수업을 하는 경우에는 우측 점 3개를 클릭하고 '참석자 목록 다운로드'를 클릭하면 자동으로 수업에 참여한 학생들의 명단이 엑셀 파일로 정리되어 컴퓨터에 저장된다. 이를 활용해 손

쉽게 출석 체크를 할 수 있다.

MS 폼즈를 사용해서 출석 체크하기

MS 폼즈를 사용해서 출석 체크를 할 수 있다. ①먼저 간단하게 출석 체크를 할 수 있는 응답 문제를 만들도록 한다. 반드시 '필수'를 체크한다. ②문제를 다 만들면 우측에 '점 3개'를 누르고 '설정'을 클릭하도록 한다. ③'설정'을 누르고 '1명당 하나의 응답'을 체크해 응답 횟수를 제한하고 '응답 옵션'에서 '수락 응답'에 체크한 뒤 '시작 날짜'와 '종료 날짜'에 체크하고 수업 날짜와 해당 수업 시간을 체크하면 된다. ④설정이 완료되면 '공유' 버튼을 누르고 '조직 내부의 사용자만 응답할 수 있음'에 체크를 한 뒤 '복사' 버튼을 눌러서 링크 주소를 복사하도록 한다. 복사한 주소를 학생들에게 보내면 학생들은 제한 시간 안에 반드시 출석을 체크해야 한다.

3. 수업 동영상 간단하게 제작하기

OBS

영상 녹화와 실시간 방송을 할 수 있는 무료 및 공개 소프트웨어로 'Open Broadcaster Software'의 앞글자를 딴 것이다. 윈도우, 맥 혹은 리눅스 환경에서 빠르고 쉽게 방송을 할 수 있다.

크롬 브라우저 검색창에 OBS를 검색해 이동한다(https://obsproject.com). 홈페이지에 들어가서 자신의 컴퓨터 사용 환경에 맞는 버전으로 다운로드한다. ①다운로드한 것을 실행시키면 ②바로가기 버튼이 바탕화면에 생성된다. 실행시키면 ③과 같은 화면이 뜨는데, 장면 목록은 작업 설정의 폴더를 생성하는 곳이라고 보면 된다. 장면이란 글자 위에 마우스 우클릭으로 이름을 바꿀 수 있으며 플러스 버튼으로 추가할 수도 있다.

⑤다음으로 소스 목록을 설정한다. 무엇을 녹화할 것인지 설정하

는 부분이다. 플러스 버튼으로 추가를 누르면 나타난다. 화면 녹화를 할 경우 디스플레이 캡쳐를 선택하고 확인 버튼을 누른다. 그러면 ⑥ 과 같이 빨강과 초록의 선으로 이루어진 가이드 라인이 생기는데, 모 서리의 점을 잡고 크기 조절을 해 녹화 영역을 설정할 수 있다.

⑦컴퓨터의 사용 환경에 따라 옵션을 변경할 수 있는데 파일 – 설정에서 변경할 수 있다. 그중 출력 탭에서 녹화 저장 경로와 녹화 형식을 mp4로 바꾸는 것은 기본으로 알아두자.

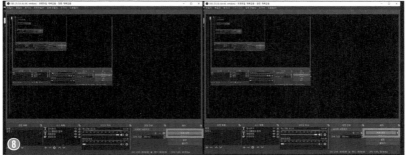

⑧녹화할 옵션 세팅이 끝났다면 녹화 시작 버튼으로 화면을 녹화

하고, 녹화 중단 버튼으로 중지하면 된다. ⑨녹화 영상을 확인하려면 파일－녹화 저장 폴더 열기를 누르면 저장된 영상을 볼 수 있다.

파워포인트 화면 녹화 기능

마이크로소프트 파워포인트 슬라이드쇼를 이용해 화면을 녹화하는 방법을 알아보자. 파워포인트만 깔려 있다면 따로 설치할 필요도 없으며, 얼굴 노출을 하지 않아도 된다. 제작해둔 파워포인트 파일만 있다면 녹화하기 편한 방법이다. 먼저 파워포인트를 실행해 상단 메뉴에서 슬라이드 쇼 탭을 누르면 슬라이드 쇼 녹화 버튼이 있다. ① 클릭하면 처음부터 녹음 시작과 현재 슬라이드에서 녹음 시작 2가지가 있다. 둘 중 하나를 선택하면 ②와 같은 창이 나오는데 둘 다 체크하고 녹화 시작을 누른다. 그러면 ③슬라이드 쇼가 시작되면서 상단 좌측에 녹화 버튼 탭이 활성화된다. 녹화 시간은 초 단위로 보여준다. 버튼은 왼쪽 화살표부터 클릭, 일시 정지, 녹화 다시 등의 기능이다. 슬라이드 별로 엔터를 누르면서 화면을 설명하며 녹화를 하면 된다. 마지막 슬라이드에서 엔터를 누르면 녹화가 자동으로 종료된다.

④녹화를 끝내면 각 슬라이드마다 우측 아래에 스피커 버튼을 누르면 확인할 수 있다. 녹화를 저장하려면 파일 버튼을 누르면 ⑤와 같은 화면으로 전환되는데 아래 순서대로 내보내기－비디오 만들기－비디오 만들기를 선택한다. ⑥저장 위치가 뜨면 저장을 누른다.

온라인 수업의 모든 것

⑦그러면 지정한 저장 공간에 파일이 저장된 것을 볼 수 있다.

윈도우 10 화면 녹화 기능

윈도우10에서의 화면 녹화 기능을 알아보자. 먼저 단축키 설정을 확인해보자. ①윈도우 버튼과 G 버튼을 눌렀을 때 녹화 창이 생성되지 않는다면 바탕화면에서 윈도우 버튼을 클릭하고 설정에 들어간다. ②여러 가지 옵션 중에 게임을 선택한다. ③메뉴 중 게임바를 눌러서 게임바를 사용해 게임 클립, 스크린샷 및 브로드캐스트레코드 부분을 켬으로 바꾼다. ④저장 경로를 확인하려면 캡쳐 메뉴에서 스크린샷 및 클립 저장 위치를 확인하면 된다.

캡쳐의 기능은 ⑤를 참고하거나 사용자 및 컴퓨터의 환경에 따라 설정한다. 이제 설정이 끝났으니 윈도우 버튼과 G 버튼을 눌러보자. 그러면 ⑥과 같은 메뉴 바들이 화면에 나타난다. 바탕화면에 창을 띄워놓지 않았다면 화살표의 동그란 점이 활성화되지 않는다. 무언가 창을 실행해야지만 녹화 버튼이 활성화된다. 맨 위에는 오디오 및 캡쳐 등의 위젯 기능이다. ⑦녹화를 했다면 아까 확인했던 저장 경로를 통해서 녹화된 파일을 확인할 수 있다.

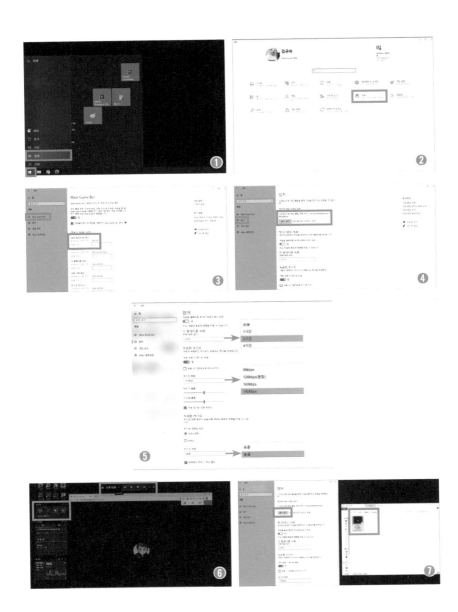

342
온라인 수업의 모든 것

스트림야드(Streamyard)

스트림야드는 페이스북(Facebook)과 유튜브 등과 같은 소셜미디어 네트워크 채널을 실시간 라이브 스트리밍하는 플랫폼으로, 라이브 스트리밍 예약 후 생성되는 URL과 모바일 앱을 통해 라이브 스트리밍 발표자 및 청중으로 참여할 수 있다. 무료 버전에서는 스트림야드의 워터마크가 영상에 표시된다.

①스트림야드 사이트(www.streamyard.com)에 접속하면 ②이메일을 적고 아래 파랑색의 '시작하기(Get Started)' 버튼을 눌러 회원 가입을 한다. ③그러면 입력한 이메일 주소로 6자리의 디지털 코드를 보냈다는 메시지가 뜬다. ④입력한 이메일로 이동해 아래의 이름으로 온 이메일을 열어보면 6자리의 숫자를 보고 입력한다.

⑤숫자를 입력하면 회원 가입이 완료되며 비밀번호를 설정하지 않아도 된다는 편리함이 있다. 'Onward!'를 누른다. ⑥실시간 영상을 스트리밍하는 리스트가 뜬다. 유튜브로 시작해보자. ⑦유튜브 계정 주소를 선택한다. ⑧'Create Broadcast' 버튼을 누른다.

❺ ❻ ❼ ❽

⑨유튜브 라이브 방송에서 사용할 제목을 입력한 후 'Create Broadcast'를 누른다. 마이크와 카메라가 연결되었다면 ⑩과 같은 창이 뜬다. 'Display Name'에 라이브 방송에 보여질 나의 이름을 작성한다. ⑪'Add to Stream'을 누르면 카메라에 비친 모습이 화면에 뜬다. ⑫맨 아래 메뉴에서 'Share Screen'을 누르면 화면 공유도 가능하다.

⑬공유할 화면을 선택하고 공유 버튼을 누른다. ⑭다양한 분할 화면 종류를 눌러서 선택할 수 있다. ⑮화면 설정이 끝났다면 'Go Live'를 눌러서 실시간 스트리밍으로 넘어가자. ⑯유튜브의 실시간 스트리밍 시작을 누르면 방송되고 있는 화면을 확인할 수 있다. ⑰맨 위 화살표 버튼을 누르면 링크가 나오는데, 초대하고자 하는 학생들에게 알려주면 유튜브 실시간 온라인 수업을 할 수 있다. 방송을 종료할 때는 스크리밍 종료를 누른다. 스트림야드에서도 'End Broad-cast'를 눌러서 스트림야드 라이브 방송을 종료한다.

룸(loom)

    크롬 브라우져 검색창에서 ①룸 사이트로 이동해 가입한다. ②가입하고 나면 로그인 후에 화면 녹화 방법을 선택한다. 프로그램을 설치해 사용하거나, 크롬 확장 프로그램을 설치하는 방법이다. ③룸 무료 버전은 동영상을 25개만 녹화할 수 있는 등 제한적이기 때문에 유료(pro)를 사용하면 무제한으로 사용할 수 있다. 학교에서는 교육용으로 프로를 무료로 사용할 수 있으니 신청하면 된다. ④5개의 질문에

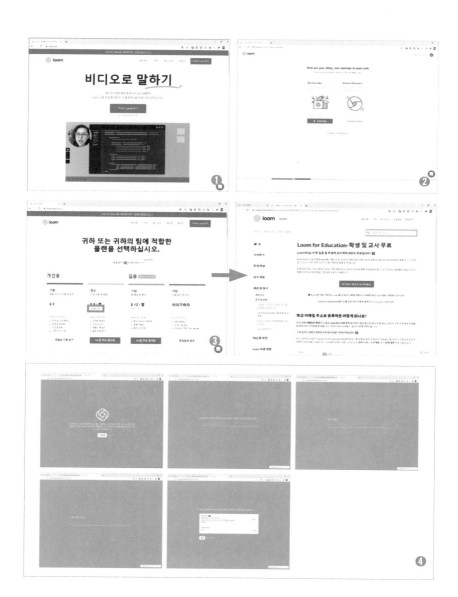

답을 해 신청하면 3일 내에 이메일로 답변이 오고 사용할 수 있다.

⑤크롬 확장 프로그램에서 룸을 설치해 사용해보자. 아래 버튼을 클릭해 크롬 스토어 화면으로 이동한다. ⑥크롬에 추가해 설치한다. ⑦상단의 확장프로그램 버튼을 눌러 룸 옆에 핀 모양을 클릭하면 아이콘으로 등록해 상시 사용할 수 있다. ⑧구글 미트에서 상단의 룸 아이콘 버튼을 누르면 녹화하기 메뉴가 나타난다. 자신의 모습과 화면을 같이 녹화할 것인지, 화면만 녹화할 것인지. 웹캠의 모습만 녹화할 것인지 메뉴에서 선택 후 녹화 버튼을 누른다. 웹캠 화면 녹화 시 녹화 웹캠의 모습이 둥근 프레임 안에 들어가 있다.

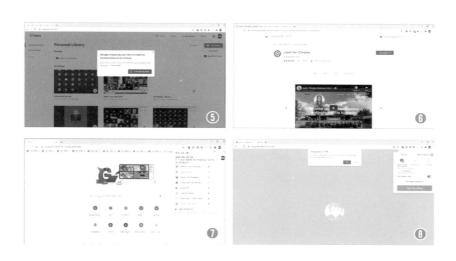

⑨녹화하기 버튼을 누르면 공유할 화면이 나타난다. 선택 후 파란색의 공유 버튼을 누른다. ⑩3, 2, 1의 카운트 후 녹화가 시작된다.

⑪녹화가 시작되면 화면의 맨아래 왼쪽에 버튼이 생긴다. 순서대로 버튼 숨기기, 녹화 취소, 일시 정지, 녹화 끝내기 등의 버튼이다. ⑫녹화 끝내기 버튼을 누르면 아래와 같은 화면으로 이동한다. 녹화한 이미지를 저장한 곳이다. ⑬영상 아래 메뉴 버튼이 있는데, 폴더로 이동하기, 다운로드하기, 복사하기, 삭제하기 등의 버튼이다.

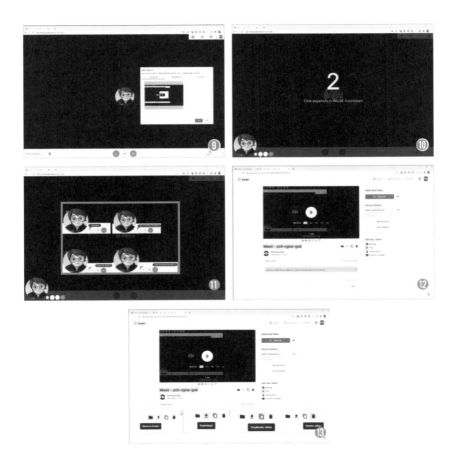

4. 온라인 수업에서 화상 토론하기

줌 소모임 기능

줌의 참여자들에게 줌의 소모임 기능을 활용해 조별로 모둠 활동을 할 수 있다.

줌에서 내 계정으로 들어가서 설정을 누르면 회의 중(고급) 버튼을 누른다. 소회의실 기능이 꺼져 있는 경우가 많다. 소회의실 기능을 활성화한다.

소회의실 기능을 활성화했으면 전체 회의실을 만들어 입장한다. 회의실에 입장하면 하단에 소회의실 버튼을 누른다. 소회의실 만들기에는 2가지 방법이 있는데 자동으로 만들기를 누르고, 참가자를 자동으로 누르면 소회의실별로 참가자를 자동으로 할당한다. 수동을 선택하면 호스트가 학생을 지정해 할당할 수 있다.

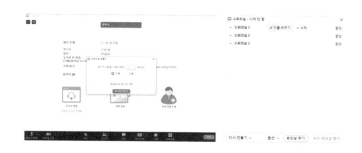

학생들이 조별로 소회의실에 할당되었으면 호스트는 조별로 수업에 참여할 수 있고 하단에 '메시지를 전체에게 브로드캐스트' 버튼을 누르면 전체 조에게 공지사항을 전달할 수 있다.

마지막으로 화면 하단에 소회의실 버튼을 누르면 참가하고 있던 소회의실1에서 바로 소회의실2로 넘어갈 수 있어 매우 편리하다.

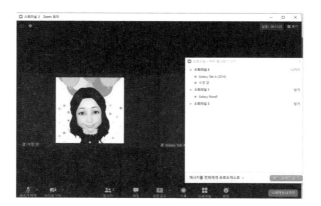

5. 온라인 수업에서 간단한 퀴즈 내기

소크라티브(Socrative)

소크라티브는 폐쇄형 및 개방형 질문들을 활용해 학습자들의 학습 및 이해에 대한 정보를 빠르게 수집할 수 있는 앱 및 웹서비스이다. 그럼 소크라티브에서 퀴즈 만들기를 해보자. 소크라티브에서 퀴즈를 만들기 위해서는 선생님으로 로그인을 하면 상단 중앙에 수업 코드가 생성된다. 수업 코드는 퀴즈를 만들고 학생들에게 휴대폰이나 테블릿PC로 퀴즈를 풀기 위해 입장할 때 필요하다. 퀴즈를 만들기는 왼쪽 상단에 퀴즈를 선택한 후 화면에 있는 퀴즈를 누른다. 퀴즈에서 질문 추가 버튼을 누르고 새로 만들기 버튼을 누르고 질문을 추가한다.

질문 형식은 객관식, 참 or 거짓, 단답형 이렇게 3가지가 있다. 원하는 질문 형식을 선택해 퀴즈를 만든다. 질문 3가지 형태를 예를 화

면 ④에서 볼 수 있다.

　퀴즈를 모두 출제하면 저장 종료 버튼을 눌러서 퀴즈를 완성한
다. 다시 메일 화면에서 'Launch' 버튼을 누르고 완성한 퀴즈를 선
택하고 하단에 오른쪽에 'Next' 버튼을 누른다. 퀴즈를 제출했을 때
어떻게 피드백할 것인지 3가지 타입이 나오게 되는데 첫 번째에 있
는 'Instant Feedback'을 선택한다. 화면 ⑥ 안에 오른쪽 빨간 박스
의 각 기능들의 활성화했을 때 상태를 알아보자. Require Name은
이름 입력 기능, Shuffle은 퀴즈 문제의 순서를 섞는 기능, Shuffle
Answers는 답의 순서를 섞는 기능, Show Question Feedback은
정답에 대한 교사가 작성한 해설을 보이게 하는 기능, Show Final
Score은 점수의 총점을 보여주는 기능, One Attempt는 학생들이

문제를 단 한 번만 풀 수 있는 기능(프리미엄 서비스) 등을 가지고 있다. 원하는 것을 활성화 시켜서 Start 버튼을 누른다.

학생들에게 반 코드와 퀴즈 제목을 알려주고 휴대폰이나 웹에서 소크라티브를 실행한다. 그리고 반 코드와 이름을 입력하고 실행하게 되면 선생님의 모니터에 퀴즈에 입장한 학생의 이름이 뜬다.

학생이 퀴즈를 한 문제씩 풀고 제출할 때마다 정답과 교사가 입력한 해설이 함께 보이게 된다. 교사의 컴퓨터 모니터에서는 실시간으로 학생이 문제를 풀 때마다 문제를 맞혔는지 틀렸는지 바로 확인할 수 있다.

학생이 문제를 모두 풀고 나면 교사의 컴퓨터 모니터에도 학생들이 어떤 문제들이 틀렸는지 결과까지 한 번에 볼 수 있는 큰 장점이 있다.

퀴즈앤(Quizn)

한국형 카훗으로 다양한 형태의 퀴즈를 만들 수 있으며, 쌍방향 원격 수업에서도 실시간 퀴즈가 가능하다. 베타 버전 평가판 이후 정식 오픈하면서 플레이 수와 플레이 인원에 제한이 있는 것이 아쉽게 느껴진다. 퀴즈앤 웹사이트(https://www.quizn.show/)에 접속해 이메일로 가입한 후 사용할 수 있다.

①'Show 만들기'를 눌러 퀴즈를 만든다. ②'Show 기본 설정'이 열리면 제목을 입력하고 카테고리 선택 후 태그를 입력한다.

③다양한 형식의 퀴즈를 만들 수 있으며 퀴즈 'Type'을 선택 후 이미지나 유튜브 링크를 등록해서 퀴즈를 만들 수 있다. ④'Category'에서 플레이할 퀴즈를 선택 후, 'Play'를 클릭해 퀴즈를 진행한다. ⑤실시간 현장 플레이와 실시간 원격 플레이가 있어 원격 수업에서도 퀴즈를 진행할 수 있다. ⑥학생들은 https://www.quizn.show/p로 접속해 핀 번호 입력 후, 닉네임을 입력하면 퀴즈에 참여할 수 있다. 학생들이 모두 참여하면 시작을 눌러 퀴즈를 시작한다.

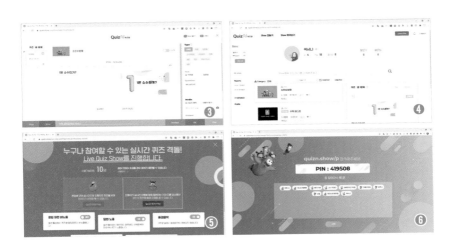

6. 콘텐츠를 정리하여 제공하기

구글 사이트

마이크로소프트사의 프론트페이지와 유사하며 문서 작성만 할 수 있다면 누구나 쉽게 웹페이지를 만들 수 있는 구글의 앱이다. 쌍방향 온라인 수업을 시작하기 전에 구글 사이트로 '1학년 수학 교실(https://sites.google.com/sam-il.ms.kr/2020math1/)'이라는 사이트를 만들어 로그인 없이 클릭만으로 콘텐츠에 접근할 수 있도록 했다.

①구글 앱을 누르고 '사이트 도구'를 클릭한다. ②하단에 '+'를 클릭해 사이트를 만든다. ③내 페이지 제목에 사이트 제목을 작성하고, 사이트 이름 입력에도 사이트 이름을 작성한다. ④레이아웃을 선택해서 본문을 작성한다. ⑤이미지, 문서, 유튜브, 캘린더, 지도 등의 콘텐츠를 업로드할 수 있으며, 텍스트를 작성해 설명을 작성한다. ⑥유튜브를 선택하면 유튜브를 검색할 수 있다. 유튜브 검색 후 '선택'을

클릭한다.

⑦내용 작성 후 '게시'를 클릭한다. ⑧웹 주소를 정해 입력하고 '게시'를 클릭한다. ⑨상단에 '게시된 사이트 링크 복사'를 클릭하면 사이트 주소를 복사할 수 있다. ⑩게시된 사이트 링크의 '링크 복사'를 클릭하면 사이트의 주소가 복사된다.

스웨이(Sway)

스웨이는 다양한 수업 콘텐츠를 쉽고 빠르게 업로드해 온라인 수
업에 활용할 수 있는 간단한 프로그램이다. 원하는 이미지나 비디오
자료도 쉽게 온라인에서 찾아 드래그 앤 드랍 방식으로 업로드할 수
있다. 먼저 '배경'을 클릭한다.

'배경'을 클릭하고 키워드 검색을 하면 관련된 이미지들을 모두 찾아서 보여준다. 적절한 이미지 콘텐츠를 찾아서 바로 만들고자 하는 콘텐츠에 적용할 수 있다.

하나의 슬라이드가 완성이 되면 바로 '+' 버튼을 클릭해 다음 슬라이드를 추가할 수 있다. 이렇게 이미지, 비디오, 오디오, 텍스트 등 다양한 종류의 자료를 추가할 수 있어서 매우 유용하다. 콘텐츠 중심형이나 과제 제시형으로 수업을 할 때 필요한 자료를 스웨이로 만들어 학생들에게 제공하면 효과적인 온라인 수업이 이루어질 수 있다.

7. 수업 방해 학생을 통제하는 기능

구글 미트에서 교사만 화상 회의를 개설하도록 설정하기

구글 미트 앱을 사용해 화상 회의를 할 경우, 구글 지스위트의 관리자는 교사만 화상 회의를 개설할 수 있도록 설정할 수 있다. 아래 사진을 보면 교사는 '회의 시작 또는 참여' 버튼이, 학생 화면에서는 '회의 코드 사용'이라는 메뉴만 있음을 볼 수 있다. 학생은 교사가 개설한 화상 회의의 회의 코드를 입력해야만 입장이 가능하다. 구글 클래스룸에는 구글 미트 링크가 자동으로 부여된다. 이 링크를 사용하면 교사만 화상 회의를 개설할 수 있다.

그리고 교사가 입장하지 않은 상태에서 학생이 먼저 입장할 수가 없다. 학생이 수업에 일찍 참여하려고 링크를 클릭하면 아래와 같이 '교사가 참여할 때까지 기다린 다음 이 페이지를 새로 고침 하세요' 라는 메시지가 뜬다.

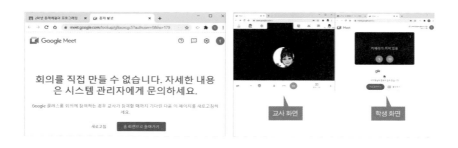

교사가 교실에 입장하면 학생 화면에서는 '지금 참여하기' 버튼이 생성되어 참여할 수 있다.

교사가 수업 중 실수로 창을 닫아서 화상 회의에서 나가게 되더라도 다시 수업에 돌아올 수 있다. 수업 종료 후, 교사는 학생들이 모두 퇴장한 것을 확인한 후 화상 회의방을 닫고 나오면 학생들만 화상 회의 방에 남는 것을 방지할 수 있다. 반대로, 학생은 선생님이 있는 동안에는 회의에서 다시 수업에 참여할 수 있으나 선생님이 화상 회의 방을 닫은 후에는 다시 들어갈 수 없고 다음과 같은 메시지를 보게 된다.

이 회의는 이미 종료되었습니다.

홈 화면으로 돌아가기

의견 보내기

구글 미트에서 학생의 화면 공유 및 채팅 권한 제어하기

구글 미트에서는 주최자 컨트롤 기능으로 수업을 제어할 수 있다. 구글 미트에서는 회의를 만든 사람이 주최자(호스트)가 되는데 교사 권한을 가진 사람이 두 명 이상일 때는 먼저 입장한 사람이 호스트 가 된다. 구글 클래스룸에 연결된 구글 미트는 교사가 회의 주최자가 되기 때문에 당연히 교사가 구글 미트 방의 호스트가 된다. 호스트는 아래쪽 메뉴 바와 오른쪽 사용자 및 채팅 제어 메뉴에 '주최자 컨트 롤' 버튼이 생기므로 수업 중 학생들의 행동을 제어할 수 있다. '참여 자 화면 공유'와 '전체 채팅 메시지 보내기' 기능을 수업 중 끄기/켜 기를 할 수 있어 편리하다.

'주최자 설정 모두 보기'를 눌러보면 빠른 엑세스의 내용을 볼 수 있는데 구글 클래스룸에 초대한 학생 외의 다른 학생을 초대할 수 있

는 권한을 조정할 수 있다.

수업 중 채팅창 사용 여부도 교사의 제어로 수시로 변경할 수 있어 필요한 경우만 채팅창을 열어 학생들의 행동을 제어할 수 있다. 줌 프로그램의 채팅창에 있는 특정 학생과의 귓속말 기능은 미트에는 없다.

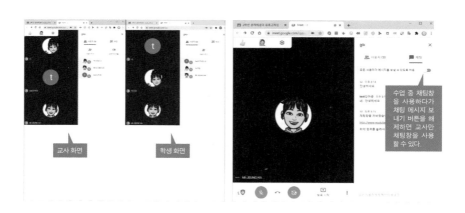

교사 화면

학생 화면

수업 중 채팅창을 사용하다가 채팅 메시지 보내기 버튼을 해제하면 교사만 채팅창을 사용할 수 있다.

구글 미트에 참여한 학생의 활동 내역 알아보기

관리자 페이지에서 '회의 품질 도구 열기' 기능을 이용하면 학생들의 참여도 및 활동 내역을 확인할 수 있다. 언제 마이크를 켜고 발언했는지 무슨 기종으로 접속해 사용했는지 등이 표시된다. 이 페이지는 조직의 관리자만 볼 수 있는 페이지이므로 열람을 원한다면 관리자에게 열람 권한을 받아야 접근할 수 있다.

교사가 갖는 학생 제어 기능은 조직의 관리자에게 교사 권한을 받아야 가능하므로 교사와 학생을 구분해 권한을 설정하는 것이 중요하다. 학교 관리자 아이디로 구글에 로그인을 하거나 관리자에게 최고관리자 권한을 받은 교사는 구글 앱 메뉴(점 9개 메뉴)를 눌러 '관리' 앱을 눌러 관리 콘솔 페이지로 이동한다. 관리자 권한을 가지고 있다면 관리 콘솔의 전체 메뉴가 보이는데 '앱'을 선택한다.

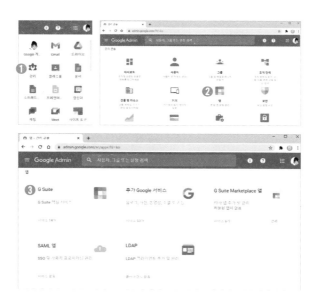

설정이 필요한 구글 미트 앱을 선택한다.

온라인 수업의 모든 것

모든 사용자에 대한 설정 사항을 확인한 후, 구글 클래스룸에서 필요한 설정 중 '녹화중', '영상 통화'와 같이 교사에게만 권한을 부여해야 하는 항목을 클릭해 설정 화면으로 들어간다. 전체 조직에 대해서 동일한 '사용/사용 중지' 권한을 먼저 부여한 후, 학생 조직에 대해서 사용 중지 권한을 부여하는 방식이 효과적이다.

학생 조직(폴더)를 선택한 후, 화상 회의 중 녹화 기능과 영상 통화 (회의 개설) 권한을 해제(체크 해제)한 후, 반드시 저장 버튼을 눌러준다.

구글 미트의 회의 품질 도구 사용은 그 페이지에 접근할 수 있는 권한을 관리자에게 부여받아야 하는 방식으로 관리 콘솔의 '관리자 역할' 메뉴에서 설정할 수 있다. 아래의 링크를 참고해 순서대로 진행하면 구글에서 설정한 관리자 목록에 추가해 '회의 품질 도구' 페이지에 접근할 수 있는 '역할'을 만들고 교사들만 등록해 권한을 부여할 수 있다(https://support.google.com/a/answer/9204857).

행아웃 미팅 품질 도구 열기

IT 관리자
행아웃 미팅 품질 도구에 액세스하려면 적절한 권한이 있는 관리자 계정에 로그인해야 합니다.
행아웃 미팅 품질 도구 열기

　　'맞춤 역할'이 만들어지면, 페이지에 대한 접근 권한을 부여할 교사 명단을 '사용자 할당'을 눌러서 등록해준다. 조직에 등록되어 있는 사용자는 아이디의 일부만 입력해도 해당 사용자가 검색되어 목록으로 표시되므로 입력하기 편리하다.

　　역할을 만들고 사용자(교사)를 할당했으면, 구글 미트 앱을 열어 '품질 도구' 버튼을 눌러서 해당 사이트로 접근할 수 있다.

팀즈 참석자 지정 기능으로 수업 중 방해 행동 통제하기

　　팀즈를 사용하는 경우 교사가 화면 공유 기능을 사용해서 수업을 진행할 때 학생들이 교사 마이크를 음 소거하거나 화면 공유를 중지하는 등의 방해 행동을 할 수 있다. 이러한 경우에는 학생들을 '참석자로 지정'해 권한을 제한하면 간단하게 통제를 할 수 있다. 먼저 팀즈 화상 모임방에서 사람 모양의 이모티콘을 클릭하고 통제하고자 하는 학생을 클릭해 옆에 점 3개를 클릭하도록 한다. 마지막으로 메뉴에서 '참석자로 지정'을 선택하면 된다.

참석자로 지정되면 '화면 공유' 버튼이 비활성화되며 다른 사람을 음 소거할 수 있는 기능도 사라지게 된다. 따라서 수업 중에 방해 행동을 할 수 없게 된다.

팀즈 필터 기능으로 비속어 및 은어 사용 방지하기

온라인 수업 중에 학생들이 개별적으로 친구들과 채팅을 하는 경우 비속어나 은어를 사용하는 경우가 있다. 이런 경우 오피스365에서 제공하는 필터 기능을 사용하면 비속어 및 은어 사용을 통제할 수 있다.

①먼저 'protection.office.com'에 접속을 하고 '분류'를 선택하고 '중요한 정보 유형'을 클릭한다. 그 다음에 '만들기'를 클릭한다.

②만들고자 하는 필터의 이름과 설명을 작성하고 '다음'을 클릭한다. ③'요소 추가'를 눌러서 필터에 등록하고자 하는 정보를 추가할

수 있도록 한다. ④중요 정보 유형은 '키워드'로 설정하도록 한다.

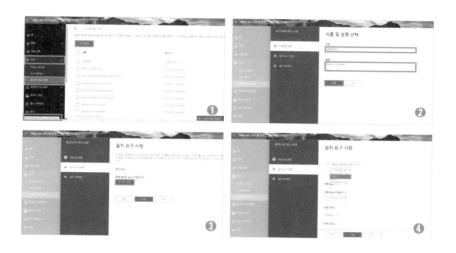

　　⑤'키워드' 선택이 완료되면 이제 학생들이 주로 사용하는 비속어
나 은어를 등록하도록 한다. ⑥'키워드' 등록이 완료되면 '마침'을 클
릭한다. ⑦마지막으로 '예'를 클릭하도록 한다. ⑧이제 일치하는 키
워드를 제대로 검색하는지 테스트한다. '키워드'가 들어간 테스트 엑
셀 파일을 업로드하고 테스트한다.

⑨테스트가 성공적으로 이루어지면 마침을 클릭한다. ⑩'정책'을 클릭 후, '정책 만들기'를 클릭한다. ⑪기본 세팅된 상태에서 '다음'을 클릭한다. ⑫정책의 이름을 작성하고 '다음'을 클릭한다.

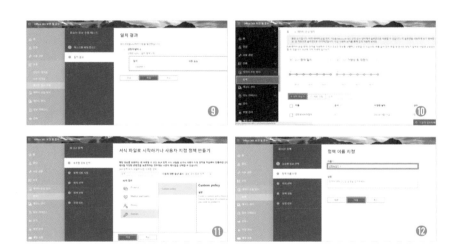

⑬기본 세팅대로 두고 '다음'을 클릭한다. ⑭'편집'을 클릭하고 '다음'을 클릭한다. ⑮다음으로 '중요한 정보 유형'을 클릭한다. ⑯중요한 정보 유형에서 '추가'를 클릭한다.

⑰적용하고자 하는 필터를 선택하고 '추가'를 클릭한다. ⑱'완료'
를 클릭한다. ⑲검색 정확도는 60퍼센트로 낮추도록 해 정확하지 않
아도 검색이 될 수 있도록 한다. ⑳'다음'을 클릭한다.

㉑'다음'을 클릭한다. ㉒'확인'을 클릭한다. ㉓'모두'를 선택하고 '다음'을 클릭한다. ㉔ 마지막으로 '다음'을 클릭하면 모든 과정이 완료된다. 필터가 적용되면 학생들이 정책을 위반한 경우 바로 경고 메시지가 보고된다.

Online Class

○┄┄┄┄┄┄●

● **에 필 로 그**

학생과 어떻게든 닿아 있으려는 노력이
피드백의 시작이다!

한 번도 학생들이 없는 교실을 상상한 적이 없다. 교실은 늘 아이들로 북적거렸고 크고 작은 에피소드들이 끊임없이 발생했다. 조용히 하라고, 뛰지 말라고 주의를 주는 것이 일상이었다. 그러나 지금은 학교가 너무나 조용하다. 조용히 하라고, 뛰지 말라고 외치고 싶지만 아이들이 없다. 이제는 아이들의 웃음소리, 장난치고 떠드는 소리가 그립다.

코로나로 인해 등교가 연기되면서 아이들을 만날 수가 없었다. 학생을 가르치는 일이 평생의 업이라고 생각하며 살아왔는데 가르칠 수가 없었다. 교사는 학생이 없으면 아무것도 할 수 없다는 것을 새삼스레 깨닫게 되었다. 등교를 못 하는 기간이 늘어나면서 학습 공백에 대한 걱정이 커졌다. 어떻게든 학생들과 닿아 있어야겠다는 생각이 들었다. 일일이 핸드폰으로 전화를 했고 얼굴이 보고 싶어서 화상 플랫폼을 설치했다. 화상으로 얼굴을 보니 방학 동안 어떻게 지냈는지 안부가 궁금해졌다. 온라인 수업이 목적이라기보다는 그냥 아이들 이야기가 듣고 싶었다. 그래서 매일 아이들과 아침마다 화상으로 만나며 앞으로 어떤 수업을 할 것인지, 어떤 프로젝트를 할 것인지에 대해 이야기를 주고받았다. 아이들과 닿아 있으니 한결 마음이 편안했다. 그리고 그때쯤 교육부에서 온라인 수업에 대한 발표가 이어졌다.

학생들과 닿아 있으려는 작은 노력들은 자연스럽게 온라인 수업으로 이어졌다. 아이들이 모르는 것을 알려주고 틀린 부분을 체크해서 고쳐주었다. 많이 틀리는 부분들은 그다음 날 수업 내용에 반영해 전체 학급을 대상으로 피드백을 해주었다. 이렇게 학생들이 모르는 것을 알려주려는 마음, 잘못 알고 있는 것을 고쳐주려는 마음에서 역동적 평가는 시작된다. 그리고 '역동적 평가'라는 뭔가 거창할 것 같은 용어 뒤편에는 학생과 닿아 있고 싶고 소통하고 싶은 마음을 표현하려는 교사의 본질적인 노력이 숨어 있다.

역동적 평가는 전혀 새로운 개념이 아니다. 이미 모든 교사들이 대면 수업에서 실천하고 있는 활동들이다. 학생을 진단해 현재 상태를 확인하고 수업 중 평가를 하면서 부족한 부분에 대한 피드백을 제공하는 일련의 과정들이 역동적으로 이루어지는 것이 바로 역동적 평가이다. 그리고 우리는 역동적 평가를 온라인 수업에 적용하기 위해서 역동적 평가를 적용한 온라인 수업 모델을 만들고 한 학기 동안 초등학교, 중학교, 고등학교에서 자신이 처한 학급 환경에 맞게 실천했다.

그런데 이렇게 설명을 하면 역동적 평가를 온라인 수업에 적용하기 위해서는 반드시 쌍방향 소통형 방식의 수업을 해야만 하는 것으로 생각하게 되는데 전혀 그렇지 않다. 과제 중심형이나 콘텐츠 중심형 온라인 수업으로도 얼마든지 역동적 평가 활동을 적용할 수 있다. 예를 들면 간단하게 화상으로 아침 조회를 하며 학생들이 해야 할 과제에 대해서 설명하고 언제까지 어떻게 과제를 제출할 것인지 자세하게 알려주면 된다. 과제 제출은 스마트폰으로 사진을 찍어서 교사에게 전송할 수도 있고 특정 플랫폼에 업로드를 하도록 하는 등 다양한 방법으로 할 수 있다. 그리고 학생들이 과제를 제출하면 제출한 과제를 꼼꼼히 분석해 피드백을 제공해주면 되는 것이다. 이때 피드백은 전화로도 할 수 있고 문자나 채팅으로도 얼마든지 할 수 있다. 주변에 과제 중심형이나 콘텐츠 중심형으로 수업을 하고 있는 교사들이 있는데 모두 자기만의 방식으로 열심히 학생들에게 피드백을 해주고 있었다. 오히려 특정 수업 형태가 올바른 방법이고 반드시 실천해야 하는 것이라고 여기기보다는 학급의 상황 맥락을 이해하고 있는 교사가 자유롭고 융통성 있는 온라인 수업 설계를 할 수 있도록 지원해주어야 한다. 여기서 진짜 중요한 것은 우리는 학생들과 어떻게든 닿아 있어야 한다는 사실이다.

참고 문헌

김병룡, 김형욱(2020). 온라인 수업 시 역동적 평가를 적용한 4학년 곱셈 및 나눗셈 지도의 효과. 한국초등국어교육학회

김병룡, 김형욱, 황의택(2019). 과정 중심 평가 역동적 평가로 실천하기. 지식프레임

김아미(2015). 미디어 리터러시 교육의 이해. 커뮤니케이션북스

송숙희(2013). 최고의 글쓰기 연습법, 베껴 쓰기. 대림북스

전국국어교사모임 매체연구회(2020). 슬기로운 온라인 생활. http://media.naramal.or.kr(검색 일자 : 2020. 4. 7)

전국미디어리터러시교사협회 · 교육부(2020). 코로나19 휴업 기간 가정에서 함께 할 수 있는 미디어 리터러시 활동. https://m.blog.naver.com/PostView.nhn?blogId=moeblog&logNo=221851481024&proxyReferer=https:%2F%2Fwww.google.com%2F(검색 일자 : 2020. 3. 13)

전국미디어리터러시교사협회(2020). 코로나19 미디어 리터러시 백신 10가지. https://www.katom.me/forum/gongjisahang/korona19-sigireul-igyeonaeneun-midieoriteoreosi-baegsin-10gaji(검색 일자 : 2020. 9. 11)

정현선, 이지영, 이미숙, 윤미, 이슬아, 김광희, 지민정(2018). 2015 개정 교육 과정 교수 · 학습 자료 개발 연구 보고서 : 초등 국어 5-6학년. 교육부. 인천광역시교육청

존 카우치, 제이슨 타운(2020). 교실이 없는 시대가 온다(김영선 옮김). 어크로스 (원서 출판 2018)

Johnson, M.(2019). 미디어 리터러시에서 디지털 리터러시까지: 캐나다 모델. 2019 미디어 정보 리터러시 국제 콘퍼런스 자료집. 시청자미디어재단, 유네스코 한국위원회, KBS, 전국미디어센터협의회, 한국교육학술정보원, 한국언론진흥재단, 한국정보화진흥원. https://youtu.be/qRhDLVqk5n8(검색 일자 : 2020. 9. 11)

최경애(2019). 평가 루브릭의 개발과 활용. 교육과학사

한국언론진흥재단(2020). 코로나19 미디어 리터러시 실천 지침. https://www.forme.or.kr/board/B0002.cs?act=read&bwrId=2887&searchKeyword=&searchCondition=&searchEndDt=&m=23&searchStartDt=&pageIndex=1&pageUnit=15

홀리 클라크, 타냐 에이브리스(2020). 우리 교실에 스며드는 구글(김정은 옮김). 홍릉과학출판사(원서 출판 2019)

Mary Rose(2005). My family. OXFORD

MediaSmarts(2020). Media Literacy Fundamentals. https://mediasmarts.ca/digital-media-literacy/general-information/digital-media-literacy-fundamentals/media-literacy-fundamentals(검색 일자 : 2020. 9. 11)

Online Class

온라인 수업의 모든 것

온라인 수업 모델 개발부터 역동적 피드백까지

1쇄 발행 2020년 12월 15일

지은이 김형욱 김병룡 하효은 하미정 이선화 김규아
윤용근 조윤이 양수정 심우민 정현선 김정은(Judy kim)

발행인 윤을식
펴낸 곳 도서출판 지식프레임
출판등록 2008년 1월 4일 제2016-000017호
주소 서울시 동대문구 청계천로 505, 206호
전화 (02)521-3172 ㅣ **팩스** (02)6007-1835

이메일 editor@jisikframe.com
홈페이지 http://www.jisikframe.com

ISBN 978-89-94655-88-8 (03370)